MINISTERIO HISPANO

"Este no es un texto más sobre la pastoral hispana. Es un excelente recurso de consulta y reflexión. Con palabras sencillas y ejemplos concretos, no sólo ilustra al lector con datos de gran importancia para entender el valor histórico de la presencia de los hispanos en la Iglesia católica de los Estados Unidos, sino que invita a un cambio de conciencia en la forma en que se sirve y se entiende a la comunidad hispana. Al mismo tiempo ofrece herramientas prácticas para que los líderes, en las comunidades parroquiales y las oficinas diocesanas, sepan entender y guiar el proceso de desarrollo, integración y aporte de las comunidades hispanas a la Iglesia católica estadounidense del siglo XXI".

Dora Tobar
Director, Oficina pastoral de vida familiar
Diócesis de Lafayette, Indiana

"Timoteo Matovina, uno de los mejores pensadores sobre la realidad católica hispana en los Estados Unidos, nos ofrece en este breve libro un recurso práctico y accesible para reflexionar sobre el ministerio hispano en nuestras comunidades de fe. Tanto si usted apenas comienza a trabajar en este ministerio, como si ya lleva años haciéndolo, el análisis, las historias y las recomendaciones que encontrará aquí, sin lugar a duda, fortalecerán su servicio pastoral".

Hosffman Ospino
Profesor de teología y educación religiosa
Boston College

"Para poder servir de la mejor manera a la comunidad católica hispana en los Estados Unidos, debemos conocer de dónde venimos, nuestra realidad actual y hacia dónde vamos. Timothy Matovina, en este libro, provee de una manera excelente una historia del catolicismo latino, nos enseña la importancia actual de las parroquias y movimientos apostólicos sirviendo a comunidades hispanas, y a la vez nos motiva a continuar formando una nueva generación de discípulos misioneros".

Andrés Arango
Director de evangelización
Diócesis de Camden

"Con el alcance global del Santo Padre, Papa Francisco, el mundo está presenciando una realidad de Iglesia que muchos de nosotros ya vivimos en la pastoral hispana. En ciertos casos, la novedad de su inspiración viene de la antigüedad de nuestra mística latina. Por eso, el libro de Dr. Matovina es muy oportuno. Vale la pena, refrescar la memoria y renovar el carisma de la pastoral hispana para una mejor sintonía con el caminar de la Iglesia de hoy".

Mons. Jaime Soto
Obispo de Sacramento

MINISTERIO HISPANO

Una introducción

TIMOTEO MATOVINA

AVE MARIA PRESS AVE Notre Dame, Indiana

La editorial Ave Maria Press, fundada en 1865, es un ministerio de la Provincia de los Estados Unidos de la Congregación de Santa Cruz.

www.avemariapress.com

Libro de bolsillo: ISBN-13 978-1-59471-683-6

Libro electronico: ISBN-13 978-1-59471-684-3

Impreso y empastado en los Estados Unidos de América.

Contenido

Introducción

Muchas personas han hablado sobre el crecimiento de la población hispana en la Iglesia y en la sociedad de Estados Unidos; sin embargo, ¡la importancia de los hispanos no se reduce sólo a su presencia demográfica! Las contribuciones de los hispanos católicos comenzaron siglos antes de que Estados Unidos existiera como nación. Hoy en día los hispanos transforman la vida de las parroquias, de los movimientos apostólicos, de la liturgia y la devoción, y la formación en la fe de nuestros niños y jóvenes.

Este libro examina la fe de los hispanos y los ministerios presentes en sus comunidades. Para ayudar a profundizar en el tema cada capítulo incluye preguntas para reflexionar y discutir. Espero que este libro los lleve a meditar y reflexionar en comunidad sobre el misterio de fe que Dios está promoviendo en la comunidad Hispana, y sirva de inspiración para trabajar siempre mejor en la obra evangelizadora de la Iglesia.

A todos los lectores que compartirán conmigo el contenido de estas páginas, les hago llegar mi afectuoso bienvenido. Que Dios les bendiga, y que nuestro compartir enriquezca nuestra fe, nuestro liderazgo, y nuestro servicio a Dios y a su pueblo.

1

Historia

El P. José Antonio Díaz de León, último fraile franciscano que trabajó apostólicamente en Texas cuando esta era todavía parte de México, murió misteriosamente en 1834, cerca de la ciudad de Nacogdoches, al este de Texas. El juez exoneró a un angloamericano, presunto autor del asesinato, movido por los rumores de que la muerte del sacerdote, causada por una herida de bala, había sido un suicidio. Sin embargo, los católicos mexicanos del lugar rechazaron semejante hipótesis por considerarla falsa. ¿Cómo era posible que su párroco, quien había servido fielmente en la frontera de Texas por tantos años como sacerdote, hubiera cometido un tal acto de desesperación?

Siete años más tarde, los sacerdotes vicentinos John Timon y Jean Marie Odin hicieron una visita pastoral a Nacogdoches. Los clérigos lamentaron la situación de los católicos mexicanos notando que los angloamericanos les habían arrebatado

sus tierras, expulsado y hasta asesinado. El P. Odin también
informó que los angloamericanos habían reducido a cenizas
el templo católico del lugar. Con todo, éstos y otros visitantes
observaron que los católicos mexicanos seguían reuniéndose
en sus casas en los días de fiesta, y que ahí también celebraban
servicios litúrgicos cada semana y ritos como, por ejemplo,
funerales. En Nacogdoches el ministerio hispano fue posible
casi en su totalidad gracias al esfuerzo de los laicos, hasta que
en 1847 el ahora Obispo Odin asignó dos sacerdotes para
llenar el hueco dejado por el P. Díaz de León. Los nuevos
sacerdotes encontraron que los fieles recibían con fervor los
sacramentos, lo cual daba testimonio de la fe inquebrantable
de esa gente; una fe conservada en medio de un tumultuoso y
agitado periodo de cambio social.

Muchos católicos no conocen sin embargo historias como
la del P. Díaz de León y los laicos—heroicos—de su comunidad. Por lo general, se piensa que los hispanos en Estados
Unidos son todos inmigrantes recientes. Pero, en realidad, los
católicos de habla hispana han estado en lo que hoy es Estados
Unidos casi dos veces más tiempo que la misma existencia de la
nación. La primera diócesis del nuevo mundo se estableció en
San Juan, Puerto Rico, en 1511. Súbditos de la Corona Espa-
ñola fundaron la primera comunidad europea estable dentro
de lo que hoy es Estados Unidos en Saint Augustine, Florida,
en 1565, esto es, cuatro décadas antes del establecimiento de
la primera colonia británica en Jamestown. En 1598, en lo
que hoy es El Paso, Texas, súbditos españoles colocaron las
bases del Catolicismo presente actualmente en el Suroeste de
Estados Unidos.

Contribuciones hispanas a la vida de la Iglesia y a la sociedad

Tampoco se conocen todas las contribuciones que los hispanos han hecho a la Iglesia y a la sociedad estadounidense. Por ejemplo, los hispanos fundaron el movimiento de retiros más influyente en todo el país. Eduardo Bonnín y otros laicos españoles crearon en Mallorca, España, el movimiento Cursillos de Cristiandad, en los primeros años de la Segunda Guerra Mundial. En 1957, dos de sus compatriotas destinados a la base militar de Waco, en Texas, organizaron con el P. Gabriel Fernández el primer retiro de Cursillos en Estados Unidos.

Cuatro años más tarde, un equipo de "cursillistas" que había participado en retiros de fin de semana en español, organizó el primer retiro en inglés. Para el año siguiente, los cursillistas ya habían organizado retiros de fin de semana en varias localidades como San Francisco, Kansas City, Chicago, Detroit, Cincinnati, Newark, Brooklyn, Baltimore y Boston. Durante las siguientes dos décadas casi todas las diócesis de Estados Unidos introdujeron el movimiento de Cursillos, llegando literalmente a miles de católicos de todo tipo. A medida que Cursillos se extendía, fueron apareciendo otras iniciativas, también basadas en retiros, que seguían muy de cerca su dinámica central: Encuentro de Adolescentes con Cristo (TEC: Teens Encounter Christ), Búsqueda, Kairós, Cristo renueva su parroquia, El camino de Emaús (dirigido por los Protestantes) y los retiros de jóvenes Chrysalis (también Protestante), entre otros. Los Cursillos, de origen hispano, tuvieron un amplio impacto en otros católicos e incluso protestantes. Por tanto, los hispanos crearon uno de los movimientos de renovación espiritual más influyentes en la historia de Estados Unidos.

Los hispanos también son pioneros de un modelo de organización comunitaria, inspirado en la fe. Así como los afroamericanos implicaron sus iglesias en los procesos de transformación social a través del movimiento de los Derechos Civiles, también el modelo de organización creado por Saul Alinsky, a finales de los años 30, influyó en los esfuerzos de organización comunitaria a gran escala en Estados Unidos. Alinsky desarrolló su propuesta en su bien conocido trabajo en el barrio de Back of the Yards en Chicago. La primera organización comunitaria, inspirada en la fe y predominantemente hispana, surgió en San Antonio, Texas. Se llama Comunidades Organizadas para el Servicio Público (COPS, por sus siglas en inglés) y jugó un papel esencial en la transformación del modelo organizativo de Alinsky para enraizarlo más profundamente en comunidades locales y en la fe de sus miembros. Ernie Cortés, uno de los organizadores, trabajó con líderes laicos y sacerdotes para establecer COPS en las parroquias católicas de mexicanos étnicos, en los barrios de clase trabajadora en la parte oeste de la ciudad.

Los miembros de las COPS siguieron el modelo de organización de Alinsky, pero como católicos hispanos, enriquecieron la propuesta de éste con la fe de sus principales líderes: los miembros de las parroquias percibían su labor social como una extensión de su compromiso con Dios, la Iglesia, la familia y el barrio. La intención de las COPS de crear un modelo de organización comunitaria basado en comunidades y líderes practicantes de su fe, ha sido adaptada y posteriormente desarrollada en varias organizaciones, que actualmente suman cerca de 200 organizaciones presentes prácticamente en todos los estados. Cuando esta y semejantes iniciativas luchan por los derechos de los inmigrantes y marginados, los líderes hispanos dan un luminoso ejemplo de cómo la justicia puede brotar del compromiso auténtico con la fe cristiana.

Los hispanos también han impulsado los esfuerzos en favor de los inmigrantes realizados por católicos de Estados Unidos. Nuestros obispos han defendido a los inmigrantes en su carta pastoral del 2003 sobre la inmigración, en su campaña Justicia para los inmigrantes y en sus esfuerzos actuales por crear grupos de presión para acelerar la aprobación de la reforma migratoria. Por citar sólo un ejemplo: cuando las autoridades federales hicieron redadas en la fábrica Agriprocessors, en Postville, Iowa, el 12 de mayo del 2008, y arrestaron a cerca de 400 trabajadores indocumentados, la mayor parte de ellos guatemaltecos y mexicanos, sus esposas e hijos se dirigieron inmediatamente a la parroquia de Santa Brígida. La coordinadora de la vida parroquial, la Hna. Mary McCauley, BVM, el P. Paul Ouderkirk, párroco emérito y laicos católicos, muchos de ellos descendientes de inmigrantes irlandeses y noruegos, ofrecieron comida a las angustiadas familias, hicieron una lista de los trabajadores detenidos y vigilaron la puerta de la iglesia. Los oficiales de inmigración colocaron rastreadores de ubicación en los tobillos de cerca de 40 madres de familia, a las que permitieron reunirse con sus hijos; sin embargo, los otros trabajadores fueron deportados.

El P. Ouderkirk sufrió por todos ellos. Comentó: "Ha rasgado (la redada) el corazón de nuestra comunidad e incluso fuera de la parroquia. Probablemente, ha afectado a todos los niños que yo he bautizado. Es casi imposible creer que estén tan afectados." Irma López, quien fue arrestada junto con su esposo Marcelo, pero puesta en libertad para poder cuidar a su hija de dos años, comentó: "Vine a la iglesia porque me siento bien aquí, me siento segura. Me siento protegida. Me siento en paz." Un reportero del *New York Times* concluyó que "posiblemente la única cosa positiva que puede decirse, es que con la redada de Postville (. . .) el faro de luz de la Iglesia Católica Romana rara vez ha brillado con tanta fuerza para los inmigrantes."

Ejemplos de santidad y liderazgo

El liderazgo de los hispanos es tal, que incluso varios latinos se encuentran actualmente en proceso de canonización. El Papa Juan Pablo II beatificó en el 2001 a Carlos Manuel Rodríguez Santiago (1918–1963), poniéndolo en la última etapa de su camino hacia la canonización. El beato Carlos es conocido en su país, Puerto Rico, por sus virtudes, su amor a la liturgia, sus traducciones al español de los rituales católicos y su compromiso por instruir a los demás sobre los sacramentos, especialmente sobre la Eucaristía. Uno de sus admiradores lo recuerda como un "hombre normal, que dedicaba su tiempo a enseñar a otros el nombre y la forma de vida de Jesús." Es el primer laico nacido en territorio estadounidense en ser beatificado. El P. Félix Varela y Morales (1788–1853) también se encuentra entre los declarados venerables, esto es, en el paso previo a la beatificación. Cuando el régimen español lo condenó a muerte en 1823, por haber apoyado la independencia cubana, huyó

a Nueva York y trabajó como párroco y posteriormente fue
Vicario General. Es reconocido tanto por su dedicado servicio
pastoral en Nueva York como por ser un precursor del pensa-
miento a favor de la independencia cubana.

El siervo de Dios, Mons. Alfonso Gallegos, OAR (1931–
1991), se encuentra al inicio del proceso de canonización.
Nació en Albuquerque, ingresó a los Agustinos Recoletos y
fue obispo auxiliar en la diócesis de Sacramento, California
durante los últimos años de su vida. Su causa de canonización
inició 14 años después de su trágica muerte, cuando fue atro-
pellado mientras empujaba a la cuneta su coche descompuesto.

Dos sacerdotes famosos por haber fundado misiones en el
Suroeste colonial de lo que actualmente es Estados Unidos son
aclamados por su santidad. El Papa Francisco canonizó a San
Junípero Serra, OFM (1713–1784) en el 2015, reconociendo
su labor apostólica en California. El venerable Antonio Margil
de Jesús, OFM (1657–1726) está en proceso de canonización
por su labor en Texas. Las causas de canonización de otros
misioneros españoles en territorios que actualmente forman
parte de Estados Unidos, se encuentran también en camino:
Eusebio Kino, SJ (1645–1711), en Arizona; grupos de márti-
res franciscanos y jesuitas que iniciaron actividades misioneras
en lo que actualmente es Georgia y Virginia respectivamente;
y el beato Diego de Luis de San Vítores, SJ (1627–1672), en
la isla de Guam.

Muchísimos hispanos que han vivido su fe con fervor y
heroísmo no han recibido el reconocimiento oficial por parte
de la Iglesia; pero su recuerdo está vivo en las comunidades
hispanas, tanto por su santidad como por su liderazgo. Tal es el

caso de Eulalia Pérez. Ella se mudó con su esposo a Misión San
Gabriel, cerca de Los Ángeles, alrededor del año 1800. Después de enviudar, Eulalia se convirtió en "ama de llaves", un
puesto cada vez más importante a medida que el número de
frailes disminuía. Entre sus deberes estaba proveer de víveres y
supervisar a los trabajadores que eran indios americanos. Fue
la supervisora laica de la vida cotidiana en la misión, una laica
extraordinaria en el ministerio y liderazgo cristiano.

Otra laica importante fue la puertorriqueña Encarnación
Padilla de Armas, quien llegó a la ciudad de Nueva York en
1945 como una joven viuda con un pequeño niño y 150
dólares en su bolsa. Conoció al sacerdote jesuita Joseph Fitzpatrick y le hizo partícipe de su preocupación al ver que la
arquidiócesis de Nueva York descuidaba a la comunidad puertorriqueña. El P. Fitzpatrick le pidió que preparara un informe
sobre el tema y le prometió llevarlo personalmente al Cardenal
Francis Spellman. La Sra. Encarnación reunió y organizó a un
pequeño grupo de mujeres puertorriqueñas para preparar dicho
informe, el cual llevó al establecimiento de la primera Oficina
Hispana de Acción Católica de la arquidiócesis de Nueva York.
Más tarde, la Sra. Encarnación fue la coordinadora nacional
del Primer Encuentro Nacional Hispano de Pastoral, el primer
encuentro nacional para líderes del ministerio hispano en la
historia de Estados Unidos.

Evolución del ministerio hispano

Lo primero que debemos decir sobre la historia de los hispanos católicos en Estados Unidos es, por tanto, que se trata de
una presencia antigua y prolongada que merece toda nuestra

atención y estudio. Desgraciadamente, durante la mayor parte de la historia del Catolicismo en Estados Unidos—y en muchos casos, hasta el presente—los hispanos han permanecido como un grupo desconocido y hasta ignorado. Sin embargo, a partir de la Segunda Guerra Mundial, su número e influencia se ha incrementado notablemente.

Olas de inmigrantes provenientes de partes como Cuba, República Dominicana, Puerto Rico, Guatemala, El Salvador, Honduras, Nicaragua, Colombia, Ecuador, Perú y Argentina, junto con una inmigración constante desde México, se han unido a la población hispana ya establecida, compuesta principalmente por católicos de origen mexicano. Más importante aún: aparte de las ya tradicionales comunidades hispano-católicas previamente concentradas en Nueva York, el Suroeste y algunas ciudades del Medio Oeste, en la actualidad, las comunidades hispanas están repartidas en toda la geografía nacional, desde Seattle hasta Boston, desde Miami hasta Alaska.

A pesar de su larga presencia en comunidades locales, el esfuerzo coordinado del ministerio hispano a nivel nacional no comenzó sino hasta 1945, cuando el arzobispo Robert Lucey, de San Antonio, propuso fundar el comité episcopal para católicos de habla hispana (Bishops Committee for the Spanish Speaking, en inglés). Los líderes del comité trabajaron por hacer avanzar el ministerio hispano, que funcionaba sobre todo a través de consejos diocesanos para los católicos de habla hispana. En 1970, Pablo Sedillo se convirtió en el nuevo director del comité y comenzó a trabajar desde las oficinas nacionales de la Conferencia Episcopal Católica de Estados Unidos, en Washington D.C. Al observar que "no tenía fácil acceso a los

núcleos administrativos más altos, es decir, a los secretariados"
dentro de la Conferencia, Sedillo insistió durante cuatro años
en que la oficina hispana tuviera el estatus de un secretariado.
Finalmente los obispos aceptaron su sugerencia.

Líderes de la arquidiócesis de Nueva York, como el Padre
Robert Stern y Encarnación Padilla de Armas, junto con Edgar
Beltrán, quien anteriormente había trabajado para el Consejo
Episcopal Latinoamericano (CELAM), reforzaron la labor de
Sedillo al igual que el progreso, a nivel nacional, del ministerio
hispano, convocando el Primer Encuentro Nacional Hispano
de Pastoral en 1972. Bajo la guía de Sedillo y la de su suce-
sor, Ron Cruz, el Secretariado para los Asuntos Hispanos de
la Conferencia Episcopal jugó un papel central en la organización de éste y otros dos Encuentros nacionales, en los que
los católicos hispanos pudieron exponer sus necesidades y su
visión pastoral. También animaron un cuarto "Encuentro
2000" que unió a líderes de diversos grupos raciales y étnicos
presentes en la Iglesia Católica de Estados Unidos, además de
numerosos esfuerzos para promover el liderazgo y el ministerio
hispano a nivel parroquial, diocesano, regional y nacional. Los
obispos financiaron los Encuentros y los apoyaron con directi-
vas como la carta pastoral de 1983 sobre el ministerio hispano,
el Plan Pastoral Nacional para el Ministerio Hispano de 1987
y el documento *Encuentro y misión: Un marco pastoral renovado
para el ministerio hispano* en 2002. En la actualidad, los obispos y su Oficina de Asuntos Hispanos están programando un
Quinto Encuentro Nacional para el 2018.

Los documentos de los Encuentros y de los obispos mere-
cen toda la atención de quienes trabajan en el ministerio

hispano. Sin embargo, lo primero y más importante es que los Encuentros no son documentos, sino eventos. Ningún documento conclusivo puede captar en su totalidad el sentido de solidaridad que se creó entre los líderes hispanos, reunidos a nivel nacional por primera vez; el entusiasmo que se respiraba y que favorecía la creatividad en las propuestas pastorales y teológicas; y el valor que estas reuniones infundían en los participantes para crear un solo frente de acción, al compartir sus experiencias particulares de injusticia. Como Pablo Sedillo explicó: "Algunas de las personas que vinieron a los Encuentros, manejaron toda la noche para llegar aquí. Sentía como si la historia se estuviera escribiendo ante mis ojos. La sed de Dios de la gente, escuchar sus corazones, sus luchas, todo ello enriqueció mi vida inmensamente y creo que la vida de muchos otros también."

Podría decirse que el mayor legado de los Encuentros es haber formado muchos miles de líderes que se han dedicado al ministerio hispano. Edgard Beltrán asegura que "la gran calidad de los Encuentros se debe al proceso de participación comunitaria que abarcó también a los católicos de a pie. Este proceso de amplio espectro infundió en la gente una mayor conciencia de su identidad hispana, una mayor integración en la vida de la Iglesia y una organización como comunidad católica hispana más unida." Muchos líderes sostienen que los Encuentros son un medio fundamental para sentir que se tiene una misión común, basada en una historia compartida que *Encuentro y misión* llama "memoria histórica" (no. 11). Tal memoria ha unido a católicos de diversos contextos culturales—mexicano, puertorriqueño, cubano, entre otros—en iniciativas y organizaciones hispano-católicas.

Los líderes que llegaron a Estados Unidos después de la época de los primeros Encuentros, también deben conocer esos eventos y el gran influjo que siguen teniendo hasta la fecha en el ministerio hispano y en la Iglesia Católica de este país. Junto con los esfuerzos de los obispos de Estados Unidos, los Encuentros hicieron crecer el reconocimiento y respeto por la presencia hispana, alimentaron el celo apostólico por el ministerio hispano y justificaron que se le destinara más recursos y personal. Como algunos líderes lo han notado, entre ellos Mons. Arturo Cepeda, los Encuentros ayudaron a muchos hispanos a asumir de forma más consciente "su misión dentro de la Iglesia en Estados Unidos."

Los Encuentros y las declaraciones de los obispos sobre el ministerio hispano son los medios más importantes que han llevado a los latinos a involucrarse en conversaciones y debates acerca de la renovación del Catolicismo en Estados Unidos, desde el Concilio Vaticano II. Basándose en las enseñanzas del Concilio, en la doctrina de las Conferencias de Medellín y Puebla, y en los papas Pablo VI y Juan Pablo II (y recientemente Benedicto XVI y Francisco), los líderes católicos hispanos han ofrecido una serie de directrices fundamentales, tanto pastorales como teológicas, para dar un mayor impulso al ministerio hispano y a la vida eclesial del Catolicismo en Estados Unidos. Entre ellas se encuentra el respeto por las distintas lenguas, culturas y tradiciones de fe, como parte de la belleza con que Dios ha enriquecido a la Creación; el compromiso real con la evangelización y la justicia como parte constitutiva de la misión de la Iglesia de anunciar a Jesús; la urgencia por servir e impulsar el liderazgo en los grupos marginales como campesinos, mujeres, jóvenes y la población hispana en general; y la llamada a transformar la propia vida, al igual que las culturas, la sociedad y las dinámicas internas de la vida de la Iglesia.

En el fondo de todo esto se encuentra una concepción de la Iglesia, presente en el documento conclusivo del Tercer Encuentro, como cuerpo de Cristo, el cual "se encarna y quiere caminar con el pueblo en toda su realidad cultural, política y religiosa." Esta perspectiva refleja la afirmación del Vaticano II, contenida en el decreto *Ad Gentes* que dice: "La Iglesia . . . debe insertarse en todos estos grupos con el mismo afecto con que Cristo se unió por su encarnación a determinadas condiciones sociales y culturales de los seres humanos con quienes convivió" (no. 10). Al hacer énfasis en la Iglesia como una comunidad encargada de hacer presente a Cristo en la vida de los seres humanos, la visión de los Encuentros sintetiza el fundamento teológico que animó a los líderes del ministerio hispano en su esfuerzo por transformar el Catolicismo de Estados Unidos a través de su planeación y acción pastorales.

Los Encuentros no salieron de la nada. Hay iniciativas regionales y nacionales que nacieron precisamente cuando animaban y apoyaban los Encuentros y el movimiento nacional en favor del ministerio hispano. Entre ellos está la fundación de PADRES (Padres Asociados por los Derechos Religiosos, Educativos y Sociales) en 1969 y el establecimiento de Las Hermanas en 1971.

A lo largo de las siguientes décadas, los católicos latinos crearon diversas organizaciones nacionales para apoyar y

promover la participación de los latinos en los distintos ministerios, tales como el de la liturgia, música sagrada, diaconado,
seminaristas, catequistas, teólogos, historiadores de la Iglesia,
jóvenes y directores diocesanos del ministerio hispano. También establecieron institutos pastorales como, en San Antonio,
Texas, el Centro Cultural México-Americano (MACC, por
sus siglas en inglés), llamado actualmente Colegio Católico
México-Americano; el Centro Pastoral Hispano del Noreste,
en Nueva York; y el Instituto Pastoral del Sureste (SEPI) en
Miami. Todos estos institutos han servido como centros para
aprender español y recibir formación pastoral que lleve a mul-
tiplicar los promotores del ministerio hispano y de la justicia,
en la Iglesia y la sociedad en general. En 1991, el padre jesuita
Allan Figueroa Deck, con otros líderes, fundó el Consejo
Nacional Católico para el Ministerio Hispano (NCCHM, por
sus siglas en inglés), un grupo que abraza a cerca de 60 organizaciones católicas hispanas.

Más recientemente, una reestructuración de la Conferencia de Obispos Católicos de Estados Unidos (USCCB, por
sus siglas en inglés), realizada en el 2007, estableció un nuevo
Secretariado de Diversidad Cultural en la Iglesia, cuyo propó-
sito es fomentar la unidad eclesial y responder a las necesidades espirituales de católicos latinos, afroamericanos, asiáticos
(incluidos los provenientes de las islas del Pacífico), indígenas
estadounidenses, migrantes y refugiados. Uno de los objetivos
de esta reestructuración era ayudar a los hispanos y a otros
grupos, históricamente menos representados, a participar más
plenamente en la vida y misión de la Iglesia en Estados Unidos.

Lecciones de nuestra historia

¿Cuáles son las lecciones que nos deja este repaso de la historia de los hispanos en Estados Unidos? En primer lugar, la necesidad de conocer nuestra herencia hispana y católica en este país. ¡No estamos empezando de la nada! Al contrario, caminamos sobre los hombros de comunidades y líderes hispanos que nos precedieron ya en estas tierras viviendo y anunciando la fe católica. En particular, debemos estudiar los documentos de nuestros obispos, de los Encuentros y del movimiento que dio origen a la pastoral hispana. Son elementos de nuestra historia que debemos aprender. Nos ofrecen una sabiduría sobre el ministerio hispano que nos puede guiar e inspirar en nuestros propios esfuerzos ministeriales.

Tal vez la enseñanza más importante se puede resumir en una sola palabra: liderazgo. Cuando vemos la historia de cualquier grupo católico en Estados Unidos—sean afroamericanos o inmigrantes de Italia, Alemania, Vietnam, u otro lugar—la respuesta pastoral más efectiva siempre ha sido formar líderes que hablen el mismo idioma y conozcan la cultura. La historia de los hispanos ha sido exactamente igual en este sentido. En el próximo capítulo, examinaremos cómo poner en práctica esta gran enseñanza de nuestra historia.

Preguntas para reflexionar y discutir

1. En mi historia personal y familiar, ¿quién fue la persona que más animó mi fe? ¿De qué forma esta persona me animó en la fe?

2. En la historia de mi parroquia o diócesis, ¿quiénes son las personas que han iniciado y desarrollado el ministerio hispano? ¿Cómo recordamos y honramos a estas personas?

3. De todos los datos que acabas de conocer acerca de los líderes, las contribuciones o experiencias que han forjado la historia de la presencia hispana en la Iglesia de este país, ¿cuál de ellos te parece más importante para compartir con tu comunidad? ¿Por qué?

4. ¿Cuáles son las lecciones de la historia del pueblo hispano en Estados Unidos que voy a aplicar a mi propio ministerio y vida de fe?

5. Texto clave de nuestros obispos:

> Ya que los católicos hispanos son una bendición para toda la Iglesia en Estados Unidos y el ministerio hispano es una parte integral de su misión, es importante apreciar y recibir con agrado las contribuciones hechas por esta comunidad. (Obispos Católicos de Estados Unidos, *Encuentro y misión: Un marco pastoral renovado para el ministerio hispano*, no. 12)

¿Cuáles son las contribuciones de nuestra comunidad que deben ser más apreciadas y recibidas con agrado?

2

Parroquias

La función integradora de las parroquias nacionales o étnicas en la experiencia de los inmigrantes católicos de origen europeo es bien conocida. En un principio estas parroquias fueron refugios donde los inmigrantes nutrían su fe y experimentaban un sentido de pertenencia, que les llevaba a sentir la comunidad como suya, aun viviendo en una tierra extranjera. Con el paso del tiempo estas parroquias nacionales permitieron a los descendientes de los inmigrantes integrarse con la sociedad estadounidense y con la vida eclesial de forma natural, pues contaban con una base firme desde donde comenzar.

Actualmente, un número relevante de parroquias católicas son en efecto parroquias nacionales, pues prácticamente todos sus feligreses son hispanos. La tendencia a formar este tipo de comunidades es evidente entre todos los grupos latinos. Considérese, por ejemplo, la parroquia predominantemente puertorriqueña de la Santa Agonía, en Nueva York; los feligreses cubanos de San Juan Bosco en Miami; la comunidad, formada ampliamente por mexicanos inmigrantes, de San Pío V en el barrio de Pilsen, en Chicago; las comunidades multiétnicas de inmigrantes latinos de la Misión Católica de Nuestra Señora de las Américas, fuera de Atlanta; y la de Nuestra Señora de los Ángeles en Los Ángeles (La Placita). Comunidades como éstas proveen servicios sociales, sacramentos, clases de inglés, devociones tradicionales, educación religiosa, asesoría legal, escuela de padres y grupos de oración. El P. Ezequiel Sánchez, de Chicago, comenta acerca de una comunidad: "Mucha gente no brinda una buena acogida a los hispanos y, en consecuencia, la Misión Juan Diego termina por convertirse en una isla donde ellos se refugian. Sienten este lugar como suyo." Al igual que los inmigrantes europeos de antes, muchos hispanos buscan parroquias como ésta, donde pueden sentirse en casa.

Los retos en parroquias con idiomas y culturas diversos

Pero a la vez, hoy en día, más y más parroquias tienen dos, tres o incluso cuatro idiomas o grupos culturales. La falta de sacerdotes y el crecimiento actual de los católicos de diversos grupos indica que nuestras parroquias multiculturales van a serlo todavía más en el futuro. Además, hoy en día, la norma en la mayoría de las diócesis es que existan parroquias integradas o multiculturales. Sin embargo, en realidad muchas de estas comunidades podrían ser descritas más exactamente como parroquias "compartidas" en las que dos o más grupos comparten los edificios de la parroquia, pero en la práctica permanecen aislados unos de otros. Por el contrario, muchas veces, estas parroquias funcionan como estructuras "americanizadoras" que buscan la asimilación de los recién llegados.

Así que, desgraciadamente, muchas veces los distintos grupos no solo están aislados, sino incluso en conflicto. Cuando los hispanos tratan de hacer que la parroquia se parezca más a las de su propia tierra, colocando alguna de sus imágenes sagradas u organizando una Misa en español en el mejor horario del domingo, los miembros más antiguos de la parroquia frecuentemente protestan diciendo que "nuestros antepasados construyeron esta iglesia" o "nosotros estábamos aquí primero." En muchos casos, los hispanos se sienten como feligreses de segunda. Una líder laica hispana se lamentaba: "Me desanima el que nosotros los hispanos no contemos en esta parroquia. Venimos a Misa en gran cantidad y nuestras Misas están llenas de fervor; pero todas las decisiones están en manos de un pequeño grupo de feligreses ya establecidos—que no son hispanos—y que aportan mucho dinero a la parroquia."

Tales comentarios sugieren que construir la unidad dentro de una parroquia con diversidad cultural no es solo cuestión de tolerancia o de "celebrar las diferencias." Con frecuencia están en juego temas como la forma en que se toman las decisiones y quién las toma, incluyendo la posibilidad de que los grupos marginales también puedan "votar con sus pies" y dejar de participar cuando perciben que la vida en la parroquia no les brinda acogida o simplemente se vuelve irrelevante.

Muchas de las dificultades para desarrollar las parroquias compartidas provienen de la falta de atención a las relaciones de poder en la vida cotidiana y en los ministerios. Incluso los católicos euroamericanos que reciben a sus hermanas y hermanos hispanos, frecuentemente asumen que los latinos son los huéspedes y ellos los anfitriones. Si bien la hospitalidad y la "sensibilidad cultural" son esenciales para el ministerio con los recién llegados, queda implícita la convicción de que quienes tienen el poder, seguirán teniéndolo. Las tradiciones y expresiones religiosas de los hispanos serán toleradas, pero el grupo ya establecido controlará y limitará ese pluralismo y diversidad. Es como si se dijera a los latinos: "Bienvenidos a la casa de la familia de Dios pero, por favor, no toquen los muebles sin permiso."

Los hispanos a menudo responden a la idea de las parroquias multiculturales con lo que se podría llamar una "dinámica de parroquias nacionales", la cual podríamos decir, es la lección más importante a tener en cuenta en la historia del ministerio hispano durante el último medio siglo. Conscientemente o no, al igual que los inmigrantes de origen europeo que establecieron parroquias nacionales, los latinos de hoy tratan también de establecer y mantener las celebraciones de sus fiestas religiosas, las Misas en español, los movimientos de renovación, las organizaciones piadosas y otras estructuras de vida católica que les permitan pasar de ser meros huéspedes a inquilinos de su propia casa, esto es, de su propia comunidad eclesial.

Teológicamente, la considerable actividad eclesial de los latinos a lo largo de este último medio siglo nos recuerda algo que ya habíamos aprendido con otras oleadas de inmigrantes católicos: la casa de Dios no es santa porque todos somos bienvenidos, sino más bien porque todos pertenecemos a ella como miembros sinceramente valorados. Sin dejar de respetar a nuestros hermanos y hermanas de otras culturas o países, es muy importante que sigamos promoviendo las fiestas religiosas, los grupos apostólicos, las Misas en español y otros esfuerzos que en muchas comunidades son necesarios para hacer más profunda la práctica de la fe. En nuestros días, la intención—demasiado frecuente—de que los hispanos, incluso recién llegados, participen en Misas en inglés y en eventos para promover la "unidad" a menudo consigue, en el mejor de los casos, una armonía superficial. Frecuentemente todo ello sólo provoca frustración, resentimiento y la decisión de los hispanos de abandonar la vida parroquial. No debemos confundir unidad con uniformidad. Y no podemos olvidar que el fin de la parroquia no es asimilar a los recién llegados a la cultura americana y enseñarles—o forzarlos—a hablar inglés. El fin de la parroquia es evangelizar. Esto significa que debemos crecer en nuestra fe, en la lengua y en la cultura que nos interpela con mayor fuerza.

Promover la unidad en la diversidad

Al mismo tiempo, debemos fomentar la unidad con los demás grupos presentes en nuestra parroquia. Podemos celebrar nuestra unidad a través de Misas especiales que se tengan a lo largo del año. En algunas parroquias esto se hace con Misas bilingües o incluso multilingües. Las principales fiestas son particularmente aptas para esas celebraciones, como el Jueves Santo, cuando celebramos la institución de la Eucaristía que nos une en Cristo, o Pentecostés, cuando celebramos el nacimiento de la Iglesia en el poder del Espíritu, que concedió a los apóstoles el don de ser entendidos en distintas lenguas.

Las liturgias para esas ocasiones deberán estar bien planeadas, con folletos que ayuden al culto, de forma que quien preside la ceremonia no tenga que repetir oraciones y lecturas en distintas lenguas. Es bueno prestar atención a la comunicación no verbal, como el arte, el ambiente, los símbolos, los gestos y el silencio meditativo. Los coros que se prepararán para cantar juntos en diversas lenguas pueden ayudar a dar más realce al evento y ofrecer un testimonio convincente de unidad con su ejemplo de colaboración. Aun cuando el culto en dos o más lenguas tiene lugar sólo algunas veces a lo largo del año en una parroquia, eso es ya una gran expresión de unidad, en medio de la diversidad.

Otro medio para alcanzar dicha unidad puede ser llevar a todos los líderes parroquiales a retiros y actividades de formación, organizar juntos festivales o actividades de recaudación de fondos y, muy especialmente, asegurarse de que todos los grupos están representados en el consejo o en el equipo directivo de la parroquia.

Una última observación que puede ser de gran utilidad: invitar a todos los grupos—hispanos y no hispanos—a llevar a su santo patrón a un altar especial que se colocará el día de Todos los Santos, o llevar la imagen de su advocación mariana favorita en una fiesta particularmente solemne como la Asunción. He visto esto en muchas parroquias. A la gente le gusta compartir los santos y las imágenes de su propia herencia católica y es maravilloso verla explicando a otros quién es su patrón o imagen mariana y por qué esos santos amigos son tan importantes para ellos.

La idea de promover la unidad en la diversidad tiene una larga historia en nuestra Iglesia Católica. En los Hechos de los Apóstoles vemos que el primer conflicto cultural en la Iglesia tuvo lugar cuando los griegos de la primera comunidad cristiana de Jerusalén se quejaron de que sus viudas no recibían el mismo trato en la distribución de la comida, en comparación con las viudas hebreas (Hechos 6:1–6). Los doce apóstoles, hebreos, resolvieron sabiamente esta crisis llamando, no a sus compañeros hebreos, sino a siete griegos para que asumieran el liderazgo de ser diáconos encargados de supervisar las raciones diarias de comida. Como consecuencia de esta prudente decisión: "La Palabra de Dios se difundía; el número de los discípulos en Jerusalén aumentaba considerablemente" (Hechos 6:7). El ejemplo de los apóstoles de respetar las necesidades de la gente que posee una lengua y cultura diferentes, y compartir el liderazgo con ellos sigue siendo un valioso modelo para nosotros y nuestras parroquias.

Los recientes documentos de la Iglesia confirman que una parroquia no necesita tener uniformidad en la lengua, en el tipo de actividades o en la forma de realizar el culto. Como el Papa Juan Pablo II afirmó en la exhortación apostólica *Ecclesia in America*: "Una clave de renovación parroquial (. . .) puede encontrarse quizás considerando la parroquia como comunidad de comunidades" (no. 41). En su V Conferencia General, el Episcopado Latinoamericano y del Caribe proclamó que "La renovación de las parroquias, al inicio del tercer milenio, exige reformular sus estructuras, para que sean una red de comunidades y grupos, capaces de articularse logrando que sus miembros se sientan y sean realmente discípulos y misioneros de Jesucristo en comunión" (Documento de Aparecida no. 172). Estas afirmaciones tan claras nos recuerdan que debemos tratar de vivir en comunión con todos los miembros de nuestra parroquia, pero que también debemos organizarnos en grupos más pequeños, dentro de la parroquia, que nos permitan encontrar a Cristo más profundamente y crecer en la fe.

Diversidad en las comunidades hispanas

Desgraciadamente los conflictos en la vida parroquial no se dan sólo entre hispanos y no hispanos, sino también entre los mismos hispanos. Los conflictos de personalidad causan muchos de estos problemas. Los conflictos con las nuevas generaciones son otra fuente de tensiones, especialmente cuando los papás hablan español y los hijos prefieren hablar inglés y adaptarse al estilo de vida americano. También otra causa de divisiones es cuando un líder está tan dedicado a su propio grupo de oración o movimiento apostólico que se muestra celoso o crítico hacia los que participan en otros grupos. Los diferentes estilos pastorales pueden ser también causa de división, como el hispano-católico que está muy interesado en la vida sacramental y de oración y critica a quienes se dedican más a la justicia social; o el católico que enfatiza el conocimiento de la fe y ve con malos ojos a una parroquia que administra los sacramentos o promueve devociones sin suficiente catequesis.

Una de las muchas maneras en que las tensiones pueden surgir en las comunidades de fe, es cuando las preocupaciones de un grupo hispano dominante se toman como las preocupaciones de todos los grupos latinos, cuyo peculiar contexto cultural no es atendido o reconocido suficientemente. Actualmente, el español es la lengua principal en 21 países, todos los cuales tienen ciudadanos o ciudadanas nacidos en ellos viviendo en Estados Unidos, la segunda nación de habla hispana en el mundo y la primera en diversidad de hispanohablantes. Los de etnia mexicana son aproximadamente dos terceras partes de los más de 50 millones de hispanos que hay en Estados Unidos. Pero también hay una presencia significativa de puertorriqueños, cubanos, dominicanos y centroamericanos, junto con algunos sudamericanos y un número creciente de familias de origen hispano "mixto." Los líderes de pastoral deben ser conscientes de las diferentes tradiciones religiosas, de las diferencias en costumbres e, incluso, del uso diverso que cada grupo le da a las palabras.

En cierta ocasión, unos inmigrantes mexicanos de la parroquia de Santa Cecilia, en Nueva York, consagraron un nicho dentro de la iglesia a la patrona de su país, la Virgen de Guadalupe; otros miembros de la parroquia pidieron un trato semejante para sus propias advocaciones marianas: los puertorriqueños colocaron a su patrona, Nuestra Señora de la Divina Providencia y los ecuatorianos a la Virgen del Cisne. El párroco guió hábilmente el interés de los diversos grupos hispanos por las imágenes marianas como un medio para construir la unidad y un mayor sentido de pertenencia entre los fieles.

Se necesita un liderazgo pastoral eficaz como éste para canalizar el potencial que las rivalidades étnicas tienen para suscitar conflictos, especialmente cuando uno de los grupos de hispanos es más grande que los otros. Si entre los de habla hispana el grupo de los mexicanos u otro es el más grande, es su responsabilidad asegurar que los latinos provenientes de otras culturas sean tratados con respeto y dignidad. Una forma de lograr esto es celebrar—al menos de forma sencilla—las fiestas de los diversos patrones. Algunas veces lo más fácil es hacer esto en la Misa dominical, antes o después del día de la fiesta propiamente dicha. Cuando pertenecía a la parroquia de la catedral de San Fernando en San Antonio, Texas, había una gran cantidad de mexicanos, por tanto, la fiesta de Nuestra Señora de Guadalupe se celebraba por todo lo alto. Pero después comenzaron a llegar más y más guatemaltecos. Nuestro párroco habló con ellos y consagró una hermosa imagen del Cristo Negro de Esquipulas, la principal imagen de Cristo en Guatemala. Aunque los guatemaltecos seguían siendo solo una pequeña parte de la parroquia, se sentían verdaderamente en casa con su imagen y celebrando la fiesta de El Cristo Negro cada año.

Llamar y formar a nuevos líderes

La necesidad más grande de nuestras parroquias es llamar y formar nuevos líderes. El primer paso es reconocer a los líderes naturales de nuestras comunidades. Esos líderes no son necesariamente el clero, la directora de educación religiosa, las personas encargadas de coordinar la liturgia o los que se encuentran en los demás ministerios institucionales. Muchas veces, las personas que son vistas como líderes por la gente, no ostentan títulos oficiales. En una parroquia conocí a Doña Licha, la cual, aunque no era una de las personas más prominentes en las organizaciones parroquiales, dirigía anualmente la novena de las posadas, animando a su familia, a sus vecinos y a muchísimos niños de su barrio a celebrar la peregrinación de María y José a Belén. Estas celebraciones eran todo un acontecimiento en su vecindario durante los días que precedían a la Navidad.

Sin embargo, en muchas parroquias no empezamos por identificar a la gente como Doña Licha, que son los líderes naturales. Al contrario: anunciamos que vamos a elegir nuevos líderes, pero en vez de buscar nuevos, sólo hacemos una rotación de sillas: la que fue presidenta se convierte en vice-presidenta, el tesorero pasa a ser secretario, etc. Y con frecuencia empezamos el proceso de reclutar nuevos líderes pidiendo voluntarios o preparando un taller de adiestramiento para un ministerio particular. Al hacer esto se omite el primer paso esencial, según el ejemplo de Jesús, que llamó a los discípulos por su nombre en un encuentro personal, no con un anuncio desde el púlpito, o en el boletín parroquial. No importa cuán bueno sea un programa de capacitación, si no invitamos a quienes Dios ha dado el carisma del liderazgo, nuestros ministerios nunca serán tan efectivos como podrían ser.

Una queja frecuente entre los líderes parroquiales es que "siempre somos los mismos." Si en verdad queremos expandir el círculo de líderes en nuestra comunidad de fe, debemos primero identificar a los líderes naturales que hay en ella. Este paso de identificar a los líderes es tan importante, que debería figurar frecuentemente como tema de discusión en las reuniones del consejo parroquial, de los grupos de acción comunitaria, de los comités pastorales, de las sociedades y asociaciones, de los grupos de oración, de los grupos de jóvenes y de otras organizaciones parroquiales. Debemos hacer una lista de personas a las que podríamos invitar personalmente a asumir un liderazgo concreto en un grupo o ministerio. El mejor lugar para invitar a estas personas es en sus mismos hogares. No todos van a aceptar nuestra invitación; pero podemos estar seguros de que cualquier persona a la que invitemos va a sentirse halagada al ver que la consideramos como alguien con un talento particular que Dios le dio.

Por tanto, una buena manera de evaluar nuestra actividad o nuestro ministerio es preguntarnos: "¿cómo ayudará esta actividad a que surja un mayor liderazgo en la comunidad?" Por ejemplo, hay programas que serían más efectivos si lograran despertar el liderazgo entre sus mismos miembros como, por ejemplo, los programas de tipo social y comunitario, los ministerios para atender a los jóvenes, la pastoral penitenciaria o de catequesis, etc. Si estos programas lograran identificar, atraer y formar a nuevos líderes, podrían mejorar y expandirse más eficazmente.

Veamos un ejemplo concreto. Hace varios años, nos invitaron a mi esposa y a mí a dirigir el curso de preparación para el Bautismo en nuestra parroquia. Nuestro párroco nos lanzó el reto de identificar e invitar a otras parejas que podrían ayudar con algunas clases. Teniendo en cuenta que muchas parejas de padres de familia y de padrinos no tienen una relación cercana con la parroquia, invitamos a una pareja joven, que había vuelto a practicar su fe con fervor, después del Bautismo de su primer hijo. Al inicio tenían miedo, pero cuando les explicamos que íbamos a acompañarlos, aceptaron nuestra invitación. Así, en las clases pre-bautismales, daban su testimonio sobre la importancia de vivir nuestro Bautismo con nuestros hijos. Siendo de la misma edad y al estar atravesando por circunstancias muy semejantes a las de muchos participantes en el programa, llegaron a los corazones de una forma que ni yo ni mi esposa, con la mejor de las intenciones, podríamos haber llegado. Su testimonio dado "de tú a tú", esto es, entre padres de familia jóvenes, fue un medio eficaz para que el Espíritu Santo actuara en aquellas almas.

A fin de cuentas, lo que buscamos es hacer de nuestra parroquia un centro de liderazgo evangelizador y de fe viva, que ofrezca al mundo un testimonio convincente. En la década de los noventa, tuve oportunidad de experimentar la belleza de una parroquia profundamente católica, cuando estuve trabajando en un estudio sobre la catedral de San Fernando, en San Antonio, Texas. Se trata del santuario-catedral más antiguo de Estados Unidos. Una de las personas a las que entrevisté era el alcalde de la ciudad. Aunque era bautista, venía regularmente entre semana a la Misa de mediodía.

Mencionó varias razones para ello: la ubicación de la Catedral al otro lado de la plaza en la que estaba su oficina, la belleza del antiguo edificio, la predicación. Pero lo que más admiraba era la forma en que los líderes de la parroquia, la mayor parte de ellos de etnia mexicana, recibían a cualquier persona que atravesara sus puertas. Se dio cuenta de que la Catedral era el único lugar de la ciudad en donde un día se podía sentar junto al presidente de la cámara de comercio y al otro junto a un mendigo, un juez, un banquero, una mesera, un obrero o cualquier otro tipo de persona: todos eran recibidos con el mismo respeto y dignidad. Esta experiencia contrastaba con otros lugares, en los que prevalecía una dinámica de "allá están ustedes y aquí nosotros." En cualquier otro lugar, lo trataban por lo general de forma especial, incluso sus opositores políticos, porque querían ganarse su favor. Y comentaba que seguramente si algunos de los obreros o mendigos de San Fernando quisiera entrar a la iglesia Bautista a la que él asistía los domingos, los encargados les preguntarían "¿Puedo ayudarle en algo?" de una forma en la que estaría claro que no eran del todo bienvenidos.

No creo haberme sentido más orgulloso de ser católico, que cuando escuché lo que a continuación dijo el alcalde: "Me gusta la catedral de San Fernando porque es el único lugar en la ciudad donde todos nos encontramos en una condición de igualdad como habitantes de San Antonio. Y tengo que decirte que, aunque soy bautista, algunas veces, cuando regreso a mi oficina después de la Misa de mediodía y de la comida, me arrodillo y pido al Señor que me ilumine para que pueda hacer a esta ciudad un poquito parecida a la catedral de San Fernando."

El hermoso testimonio del alcalde sobre la catedral de San Fernando, como un lugar sagrado donde todos se sienten en casa, nos recuerda lo que todas nuestras parroquias católicas deben ser. Que Dios nos ayude a formar parroquias que den un testimonio semejante del evangelio y de nuestro Señor Jesucristo.

Preguntas para reflexionar y discutir

1. ¿Cuál es la causa más fuerte de división o conflicto en mi parroquia o en otras parroquias que conozco?

2. ¿Qué es lo que más ayuda a la unidad en mi parroquia o en otras parroquias que conozco?

3. ¿Cuál fue la manera como Jesús llamó a nuevos discípulos y los formó como líderes? ¿Cómo podemos imitar su ejemplo?

4. ¿De lo que he aprendido acerca de las parroquias, ¿qué voy a aplicar en mi ministerio y vida de fe?

5. Texto clave del *Catecismo de la Iglesia Católica*:

> En la unidad del Pueblo de Dios se reúnen los diferentes pueblos y culturas. Entre los miembros de la Iglesia existe una diversidad de dones, cargos, condiciones y modos de vida. . . . La gran riqueza de esta diversidad no se opone a la unidad de la Iglesia. (*Catecismo de la Iglesia Católica*, 814)

¿Qué nos une y nos divide en nuestras parroquias? ¿Cómo podemos unirnos más sin sacrificar las riquezas de nuestras distintas culturas?

3

Movimientos apostólicos

Elisabeth Román fue educada en un hogar estrictamente pentecostal y oyó desde pequeña todos los males del Catolicismo. Confrontada con una crisis personal y faltándole un hogar espiritual, después de 20 años de no participar en los servicios de su iglesia, aceptó la invitación de una amiga para asistir a una Misa animada por la espiritualidad de la Renovación Carismática Católica. La Renovación Carismática es un grupo apostólico centrado en los dones y el poder del Espíritu Santo, que busca renovar la fe a través de la vida comunitaria, la oración, la predicación, los ministerios de sanación y la evangelización. Elisabeth siguió asistiendo a la Misa carismática. Impresionada por la fe de la comunidad, la paz interior que encontró y por el hecho de que nadie la presionara para que se hiciera católica, decidió prepararse para ser recibida en la Iglesia Católica. Está convencida de que para "los hispanos, que deben vivir entre dos culturas, el Catolicismo carismático puede ofrecerles lo mejor de dos mundos: participación en los sacramentos, y un estilo de culto personal y lleno de vida que se encuentra en el corazón de nuestra experiencia religiosa."

El crecimiento de los movimientos apostólicos

El testimonio de Elisabeth Román muestra el potencial de los movimientos apostólicos en el seno de las comunidades hispanas. Hace tiempo muchos hispanos han participado en cofradías o asociaciones piadosas como las Hijas de María, la Acción Católica y las Guadalupanas. Estas organizaciones promovían la digna recepción de los sacramentos, la práctica de devociones y una vida de fe y de buena moral.

Pero hoy en día las necesidades son todavía más urgentes y cruciales. Muchas comunidades hispanas enfrentan problemas como falta de oportunidades laborales y de educación, abuso de drogas y alcohol, violencia, embarazos en adolescentes, pobreza, estatus de indocumentado, poco acceso a los servicios de salud y problemas para proteger la unidad familiar y el propio bienestar. Y en el ámbito religioso, el mayor reto que enfrentan los líderes es evitar que los católicos dejen su religión y se vayan con los pentecostales o los evangélicos. Muchos protestantes critican algunas prácticas católicas como las imágenes sagradas o el culto a María. A menudo van de puerta en puerta, tratando de convencer a los católicos para que cambien de religión. Transmitir la fe a los hijos, nietos y jóvenes en general es más difícil que nunca. En medio de este ambiente, han surgido los movimientos apostólicos para formar a los católicos en la fe, en la vida de oración, en la relación con el Espíritu Santo y en la evangelización. Sobre todo, estos movimientos promueven un Catolicismo, no de costumbre, sino de compromiso.

El primer movimiento apostólico que nació entre los hispanos es Cursillos de Cristiandad, sobre el que ya hemos hablado en el primer capítulo. Encuentros Matrimoniales también tiene raíces latinas. El P. Gabriel Calvo fue el organizador del primer fin de semana de Encuentros en España, su país natal, en 1958. El P. Calvo y el sacerdote de Maryknoll, Donald Hessler, promovieron los primeros fines de semana de Encuentro en Estados Unidos en 1966. Posteriormente el movimiento se extendió más rápidamente entre los católicos de habla inglesa, hasta la siguiente década cuando Roberto y Rosie Piña, de San Antonio, tomaron la iniciativa de extender los Encuentros Matrimoniales entre los hispanohablantes. Hoy en día, varios movimientos están apenas comenzando, muchos de ellos se encuentran todavía en busca de su identidad y misión dentro de la Iglesia.

El movimiento apostólico más extendido actualmente entre los latinos es la Renovación Carismática Católica. Más de una tercera parte de las parroquias con ministerio hispano tienen grupos o actividades carismáticas. El P. José Eugenio Hoyos, de la diócesis de Arlington, Virginia, considera a los carismáticos latinos el "motor de la Iglesia" debido a su trabajo entusiasta en la evangelización, la formación en la fe y los ministerios parroquiales.

Los líderes hispanos establecieron el Comité Nacional de Servicio Hispano (CNSH) en 1990 para promover la Renovación Carismática y coordinar las actividades de los diversos grupos. El CNSH tiene tres objetivos principales: (1) servir a Dios en la Iglesia Católica y llevar adelante su misión de evangelización, sostenidos por el Espíritu Santo; (2) fomentar la experiencia de Pentecostés como una gracia del Espíritu Santo para la Iglesia; y (3) llevar el fervor de la Renovación Carismática a las familias, vecinos, comunidades parroquiales y a todos aquellos que tienen sed de Dios. Su reunión anual de líderes, el Encuentro Católico Carismático Latino de Estados Unidos, ofrece oportunidades para recibir una capacitación avanzada, hacer contactos y lograr una mayor cohesión entre los grupos. Los miles de grupos de oración son la expresión más extendida de la Renovación Carismática entre los hispanos. Invito con todo corazón a los líderes de esos grupos a participar en el CNSH.

Actualmente, uno de los grandes retos y oportunidades para el ministerio hispano es orientar a los entusiastas líderes de los movimientos apostólicos en sus ministerios de formación y evangelización. En este capítulo estudiaremos los principales retos pastorales y las oportunidades que los movimientos apostólicos representan para el ministerio hispano.

Retos pastorales

Elitismo espiritual: desgraciadamente, en algunos movimientos existe la actitud de considerar al propio grupo como el mejor o, incluso, la única manera de conocer a Jesús. Recuerdo los primeros retiros juveniles a los que asistí en mi adolescencia. El movimiento se llamaba Búsqueda. Cuando conocía a personas que tenían otras experiencias espirituales, pensaba: "Eso está bien, pero necesitas vivir el retiro Búsqueda para profundizar de verdad en tu amistad con Cristo." En ese momento yo no era consciente de una verdad fundamental, es decir, que hay muchos caminos para conocer a Cristo y que lo esencial es conocerle y servirle en la manera que Dios disponga para cada uno. Sentirme superior a otras personas porque estaba en un movimiento apostólico, era un gran error y es algo que, a final de cuentas, alejaba precisamente a las personas que quería invitar.

Espíritu de competencia: es parecido al elitismo espiritual. A veces se da un espíritu de competencia entre líderes de distintos movimientos o grupos. ¡Damos la impresión de no tener la misma fe católica! Cuando empezamos a hablar de "mi grupo", algo no anda bien. No se trata de "mi" grupo que estoy tratando de desarrollar en contraposición a otros líderes y "sus" grupos. No. Todos los grupos son de Dios y todos trabajamos juntos por la causa de Cristo. Como dice Jesús mismo: "El más grande entre ustedes se hará el servidor de todos" (Mateo 23:11). Invitar y evangelizar, sí; pero nunca compitiendo con mis hermanos y hermanas que sirven al mismo Dios y tiene la misma fe católica.

Problemas con la autoridad: tal vez es el reto más grande. Como líderes debemos obedecer las inspiraciones del Espíritu Santo; pero a veces pensamos que solo nos habla a nosotros. Recuerdo a un señor que conocí en un grupo de oración. Había tenido una experiencia espiritual muy fuerte y quería cambiar su vida por completo. Sólo unas semanas después de su conversión, al oír un testimonio sobre las misiones, anunció que Dios le había hablado al corazón para enviarlo a predicar a África. El hecho de que sólo sabía hablar inglés y que tenía cuatro niños pequeños, no le parecían factores relevantes de discernimiento. Ni siquiera quería considerar la opinión de su esposa. No. Él tenía una revelación directa de Dios y no había autoridad alguna que le pudiera convencer de lo contrario.

Aunque este es un caso extremo, a veces somos como este señor: no queremos escuchar la voz de Dios en la sabiduría y autoridad de los demás. Aun los líderes regionales y nacionales de la Renovación Carismática dicen que algunos dirigentes de grupos de oración no quieren seguir los consejos de personas que tratan de apoyarlos con su larga experiencia. Y a veces los grupos apostólicos hacen sus propias clases de formación de manera que ni los líderes parroquiales ni diocesanos pueden influir en los miembros del grupo. Puede ser que tales clases sean buenas y aun necesarias, pero debemos estar atentos a la tendencia que nos lleva a confiar sólo en nuestro propio juicio y autoridad. Sobre todo, debemos animar a los líderes de los movimientos para que se sumen a los programas de formación diocesanos y parroquiales, de forma que puedan seguir creciendo en su madurez espiritual y desempeño pastoral.

Olvidar las necesidades de la parroquia: una de las quejas más frecuentes de los párrocos en relación con los movimientos apostólicos, es que los participantes están tan ocupados con las actividades de su grupo, que parecen no tener tiempo para la parroquia.

Me acuerdo de un párroco que no quería a Cursillos en su parroquia, porque otro sacerdote le había dicho que, a medida que crecía el movimiento, disminuía la disponibilidad de la gente para las necesidades de la parroquia. Claro que los párrocos deben respetar y hasta aprovechar el poder evangelizador de los movimientos; pero, a la vez, los miembros de los movimientos deben buscar la forma de ser levadura en la parroquia. Este balance entre participar en el grupo y apoyar la misión de la parroquia en cuanto tal—ya sea con mi tiempo y talentos o con mis donativos fiscales—es uno de los retos pastorales más importantes que enfrentan los movimientos.

Buscar consolaciones espirituales en vez de una fe de compromiso: aquí vemos una tentación muy sutil. Muchas veces, las experiencias de Dios nos tocan profundamente. Confesamos abiertamente nuestros fallos. Encontramos una paz profunda. Abrazamos a nuestros hermanos y hermanas en Cristo. Nos lavamos con lágrimas de arrepentimiento. Bailamos y gritamos de alegría. Sentimos la presencia magnífica de Dios. Todo esto puede ser muy bueno; pero hay que recordar que los sentimientos son una manera de encontrar a Dios, no son Dios mismo. El fruto principal de un encuentro con Dios no es lo que siento; el fruto principal de un encuentro auténtico con Dios es la transformación de mi vida. Muchas personas se confunden en este aspecto. En el peor de los casos, cuando ya no sienten el mismo fervor sensible dentro de su grupo, piensan que ya no hay razón para seguir viviendo su fe. Es una gran tentación confundir lo que siento con el compromiso y la determinación de cambiar la vida. Debemos recordar a la gente que participa en nuestros movimientos que las consolaciones espirituales son un don que Dios nos da para animarnos en nuestro camino de conversión.

Ocuparse sólo de la oración, olvidándose de trabajar por la justicia: ¡cuántas veces he oído a una persona entregada a la oración criticar a los que luchan en nombre de Dios por la justicia! Es muy importante empezar con la oración y confrontar nuestros esfuerzos con la voluntad de Dios; pero no es correcto decir que las personas "espirituales" no se involucran de forma práctica en los problemas de la comunidad porque eso es "pura política." Obviamente no hablo de partidos políticos ni de exigir a los católicos que voten por un determinado candidato. Hablo de temas morales como el aborto, la inmigración, la educación de nuestros hijos. En estos temas, la voz del cristiano debe proclamar la justicia como hacían los profetas de la historia de la salvación, desde Isaías hasta el mismo Jesús.

Gracias a Dios, últimamente los movimientos apostólicos están creciendo mucho en su conciencia de luchar por la justicia, de manera particular por ejemplo, ejerciendo presión en el tema de la reforma migratoria. ¡Nos estamos dando cuenta de que Dios quiere que seamos mansos, no mensos! Así que no se vale separar la oración de la lucha por la justicia. Como dice san Agustín, hay que rezar como si todo dependiera de Dios, y actuar como si todo dependiera de nosotros. Y como dice el Santo Padre Francisco, la oración nos impulsa a ser la voz, las manos y los pies de Jesús en el mundo.

Oportunidades pastorales

A la vez que analizamos los retos que representan los movimientos apostólicos, es importante que recordemos también sus beneficios y las oportunidades que ofrecen. Abordamos ahora algunos de ellos.

Renovación de la fe: siempre me impresiona la respuesta de la gente cuando me invitan a dar charlas en eventos de formación. Los hispanos sacrifican mucho para poder participar en estos eventos: viajan largas distancias después de una dura semana de trabajo, acompañados incluso por sus pequeños. ¡Y lo hacen con alegría y buen ánimo para poder aprender y disfrutar! Su sed de conocer la Biblia y las enseñanzas de nuestra fe es un don inmenso que Dios ha puesto en sus corazones. Muchos movimientos apostólicos, grupos juveniles, de estudio bíblico y de oración son una respuesta eficaz a esta sed. La oportunidad de compartir y profundizar en nuestra fe en estos grupos es enorme y sumamente necesaria. Gracias a Dios, cada vez son más los grupos que ya no se enfocan sólo en la Biblia, sino también en otros temas, como las enseñanzas del Santo Padre, la Doctrina Social de la Iglesia, el Rosario y la devoción mariana, otras devociones como la adoración al Santísimo Sacramento, y muchas más riquezas de nuestra fe católica. Los movimientos apostólicos son las escuelas de la fe para muchos católicos y necesitamos valorar y mejorar estas escuelas.

Atraer personas a la recepción de los sacramentos: recuerdo muy bien cómo los señores recibían el Sacramento de la Reconciliación durante el Cursillo. Ver la alegría en el rostro de una persona que había lavado su corazón con el perdón de Dios, era uno de los milagros más hermosos de esta experiencia. En el Cursillo yo mismo vivía el Sacramento de la Reconciliación como nunca lo había vivido. Lo mismo sucedía con nuestras celebraciones eucarísticas y las Horas Santas ante el Santísimo. Eran momentos muy fuertes de vida sacramental, comunión y fraternidad. Posiblemente los Sacramentos son el tesoro de nuestra Iglesia que menos aprecia la gente. Pero, gracias a Dios, los movimientos ofrecen oportunidades para crecer en la vida sacramental. Los que recibimos los sacramentos frecuentemente, gracias a los movimientos, enriquecemos nuestra vida sacramental acudiendo a la Misa dominical y a la Reconciliación en la parroquia. Todos los líderes de los movimientos debemos promover los sacramentos como el gran tesoro que son.

Contrarrestar el proselitismo de los pentecostales y evangélicos: ¿cuántos de nuestros hermanos y hermanas se han ido a otras religiones porque no sabían cómo contestar a las preguntas y críticas de los protestantes? Es cierto que no es fácil entender toda nuestra fe. Debemos reconocer que nuestra fe es tan rica, que no podemos aprenderla toda en un curso, ni siquiera en toda la vida. Pero, qué lástima que nuestro conocimiento sea a veces tan pobre, que muchos nos confundimos cuando nos la cuestionan. Necesitamos aprender a defender nuestra fe. Necesitamos más grupos que sean una alternativa eficaz al proselitismo de las otras confesiones. Hay una gran necesidad—y oportunidad—de enfrentar esta situación con los movimientos. Debemos seguir aprovechando esta oportunidad.

Abandono de las drogas y del alcohol; solución de problemas personales y familiares: las conversiones suelen ser muy dramáticas en los movimientos. Muchos dicen que no son otra cosa que milagros de la gracia, transformaciones radicales que llevan a las personas a una nueva creación en Cristo. Los movimientos y grupos de oración son un campo fértil para el trabajo del Espíritu Santo en los pecadores. Y no sana sólo a individuos, sino también a las familias, esto es, de la misma manera que los problemas de uno de los miembros afectan a toda la familia, así también, su bienestar espiritual se convierte en un influjo positivo para todos. La transformación de las almas es una de las pruebas más convincentes que los movimientos ofrecen de que un Dios lleno de amor y poder está presente en el mundo.

Crear sentido de pertenencia: los miembros de los movimientos apostólicos crean comunidades. Esto ha sido vital para la comunidad hispana, ya que muchas personas han encontrado una familia espiritual en los movimientos. Lógicamente esto debe llevar a toda la familia parroquial a tener un mayor sentido de pertenencia. Pero muchas veces comienza en los movimientos. Una necesidad fundamental de los inmigrantes, los que están lejos de sus familias, los divorciados, los abandonados, los rechazados—en el fondo todo ser humano—es sentirse parte de una comunidad cuyos miembros se apoyan y aman mutuamente. Los movimientos son esas comunidades para muchísimas personas.

Formar personas para que se conviertan en apóstoles en sus propios ambientes: esta oportunidad se encuentra en el corazón de los movimientos apostólicos. Los movimientos preparan apóstoles para seguir realizando la misión de Jesús. No aceptan que sus miembros sean católicos pasivos, sino que los impulsan para que sean discípulos activos que comparten la Buena Nueva. En este campo fallamos mucho los católicos. Pero los movimientos suscitan evangelizadores valientes que proclaman el Evangelio de palabra y acción: en el hogar, en el trabajo, en la calle, en dondequiera que se encuentren en su vida cotidiana.

Formar nuevos líderes para las parroquias: a pesar de la crítica a los movimientos de que "se roban" a los líderes de los ministerios parroquiales, con frecuencia pasa precisamente lo contrario. En muchos lugares, los ministerios de la parroquia—sean litúrgicos, juveniles, catequéticos o sociales—están en manos de personas que vienen de los movimientos, aportando además un fervor que se contagia a los demás. Recuerdo a una señora que, después de profundizar en su relación con Cristo en un grupo de oración, comenzó a servir como lectora en la Misa dominical. Cuando leía desde el ambón, se percibía en su rostro y en su voz cuánto amaba la Palabra de Dios. Los movimientos siempre deben pedir a sus miembros que participen en los ministerios parroquiales con devoción y humildad. Así la parroquia se convierte en una comunidad de comunidades, en donde los movimientos son una escuela de formación que, como levadura, fermentan la masa entera de la comunidad.

Vocaciones al sacerdocio, al diaconado y a la vida religiosa: la escasez de sacerdotes y religiosas en el pueblo hispano es notable. Gracias a Dios, el número de hispanos que abrazan estas vocaciones está aumentando y está creciendo aún más la cantidad de diáconos hispanos y sus esposas que sirven en diversos ministerios. Muchas vocaciones han venido de los movimientos. Como Mons. Daniel Flores, obispo de Brownsville (Texas), ha dicho, "sin una relación personal con Jesucristo no hay vocación cristiana de ningún tipo." Al propiciar un encuentro personal con Cristo, los movimientos suscitan el deseo de dedicar nuestra vida a Él. De esta manera, son una fuente de vocaciones. Pero la necesidad de vocaciones sigue creciendo con el crecimiento del pueblo hispano en nuestra

Iglesia. El reto y la oportunidad de promover vocaciones sigue siendo una prioridad en todos nuestros grupos apostólicos.

Resumiendo: cuando los líderes de los movimientos trabajan con sus párrocos para mostrarles su potencial evangelizador, se convierten en uno de los recursos más valiosos para hacer avanzar la fe en la vida cotidiana de los hispanos. La novela de Víctor Hugo, *Los miserables*, ofrece una buena imagen para ilustrar la capacidad de los movimientos de ganar almas para Cristo. Jean Valjean, el personaje principal, es tenido por un criminal después de cumplir una condena a trabajos forzados por el simple delito de haber robado una barra de pan para alimentar a sus hambrientos sobrinos. Vaga de un lugar a otro sin poder encontrar trabajo o un medio para recomenzar. su vida. Una tarde, llamando a una puerta, un obispo lo recibe a su mesa y lo invita a ser su huésped. En su desesperación, Jean Valjean toma algunas piezas de la valiosa vajilla que se encontraban en la alacena y se escapa sigilosamente por la noche. Un policía lo detiene y, triunfante, lo lleva de nuevo a la casa del obispo para probar su culpabilidad; pero el obispo agradece al oficial haber traído nuevamente a Valjean, explicándole que por la prisa había olvidado otras piezas de gran valor. Dejado a solas con un Valjean avergonzado, el obispo lo invita a tomar toda la vajilla y a usar el dinero para comenzar una nueva vida. Solo le pide una cosa: nunca olvidar que con esas tazas y platos "he comprado tu alma para Dios." El resto de *Los miserables* podría describirse como el camino de Valjean hacia la santidad.

En este encuentro, el obispo dio a Valjean lo que él mismo había recibido: el paso del pecado y la muerte a una vida nueva, agradable a Dios. Este es el corazón de la evangelización: vivir nuestra fe de tal manera que otros se sientan atraídos a vivirla también.

A la par que reflexionamos en los movimientos apostólicos, oremos para que nosotros también podamos conocer al verdadero Dios y acerquemos a muchos otros a Él con nuestras palabras, obras y testimonio.

Preguntas para reflexionar y discutir

1. ¿Qué experiencia has tenido con los movimientos apostólicos como Cursillos, Encuentros Matrimoniales, Renovación Carismática Católica, grupos de oración y estudios bíblicos? ¿Cómo te influyó esta experiencia?

2. ¿Cuáles son los retos y las oportunidades pastorales más significativos para los movimientos apostólicos de las comunidades hispanas?

3. ¿Cuál es la diferencia entre un Catolicismo de costumbre y un Catolicismo de compromiso? ¿Cómo podemos crecer en nuestro compromiso de seguir a Jesús?

4. ¿Cómo podemos ampliar los esfuerzos de evangelización en nuestras comunidades católicas?

5. Texto clave del *Catecismo de la Iglesia Católica*:

   > Como todos los fieles, los laicos están encargados por Dios del apostolado en virtud del bautismo y de la confirmación y por eso tienen la obligación y gozan del derecho, individualmente o agrupados en asociaciones, de trabajar para que el mensaje divino de salvación sea conocido y recibido por todos los

hombres y en toda la tierra. (*Catecismo de la Iglesia Católica*, 900)

¿Cómo podemos vivir con más eficacia—individualmente y en grupos apostólicos—la gracia evangelizadora de nuestro bautismo y la confirmación?

—4—

Liturgia y devoción

Hace varios años una familia me invitó a celebrar la "levantada del Niño" al final del tiempo de Navidad. El hermoso nacimiento que habían preparado ocupaba tres paredes de la sala. Nunca había visto uno así. Por supuesto, en él estaban las figuras centrales de la historia de Navidad: María, José y el niño Jesús; los Magos con sus camellos y regalos; los pastores y sus rebaños; y los ángeles anunciando la buena noticia.

Lo que más me llamó la atención, sin embargo, fueron otros personajes a los que reconocí y que nunca antes había visto en un nacimiento: Isabel salía al encuentro de su prima María para abrazarla; Simeón miraba asombrado al Niño en sus brazos mientras la profetisa Ana elevaba los ojos y daba gracias a Dios; los abuelos de Jesús, Joaquín y Ana, también estaban ahí representados, recordando de forma concreta cómo también Jesús tuvo familiares que se alegraron por su nacimiento y se preocuparon por Él. Otras figuras evocaban los duros momentos relacionados con la venida de Jesús al mundo: un oficial romano sostenía un papel desenrollado y, vociferando, comunicaba la orden de César Augusto de que todos debían volver a sus lugares de origen para registrarse en el censo; uno de los soldados de Herodes estaba de pie con su espada llena de sangre y una madre angustiada sostenía el cuerpo sin vida de su hijo, uno de los Santos Inocentes; María y José con el niño Jesus, como inmigrantes y refugiados, se daban prisa en su viaje a Egipto, José miraba hacia atrás sobre su hombro para asegurarse de que nadie los siguiera.

Esta no era la aséptica versión de la historia de Navidad a la que yo estaba acostumbrado, sino la escandalosa, no publicada, y completa narración bíblica del nacimiento del Salvador. Mi experiencia con esa familia y su nacimiento me ofreció un encuentro—que tocaba mis sentidos—con un Dios al que nos podemos acercar, que toma sobre sí la indefensión de un niño y expresa el amor de Dios en la ternura de un bebé recién nacido. Las expresiones de fe de esta familia grabaron en mí el tremendo escándalo de la Encarnación, la sorprendente revelación de que el Creador del universo se había convertido en un niño completamente indefenso y vulnerable a las acciones de otros seres humanos como Él.

El tesoro y la evangelización de las tradiciones hispanas

Mis experiencias me convencieron de que la fe de los hispanos es un don para la Iglesia en Estados Unidos, especialmente para la celebración de nuestro sacramento central: la Eucaristía.

Debemos tener siempre presente qué tesoro tan grande son las expresiones de fe de los hispanos. Algunos católicos y párrocos no son conscientes de ello o, incluso, se oponen a las tradiciones hispanas. Pero los líderes de nuestra Iglesia nos invitan a valorar nuestras tradiciones y a purificarlas a la luz del Evangelio. Como los obispos de Latinoamérica concluyeron en su Conferencia de Puebla, México, en 1979: "la religión del pueblo, con su gran riqueza simbólica y expresiva, puede proporcionar a la liturgia un dinamismo creador. Este, debidamente discernido, puede servir para encarnar más y mejor la oración universal de la Iglesia en nuestra cultura" (no. 465).

Por supuesto, esto no significa que aceptemos de forma acrítica todas las prácticas devocionales. Me acuerdo de una señora cuyo hijo estaba en un grupo de jóvenes con el que yo estaba trabajando. Unos años antes había hecho una promesa de visitar un santuario si su papá se curaba del cáncer. Nunca había cumplido su promesa y ahora su papá tenía nuevamente cáncer. Se sentía muy mal y estaba segura de que Dios había dejado que el cáncer volviera para castigarla. Quería irse inmediatamente a hacer la peregrinación que no había hecho. Yo no quería mostrarme irrespetuoso con su tradición de hacer promesas; pero también sabía que su papá la necesitaba y que tenía tres hijos pequeños a los que no podía dejar sin más. Pero, sobre todo, no quería que se quedara con la idea de que el Dios de Jesucristo era un Dios que solo estaba buscando un pretexto para aniquilar a nuestros seres queridos. Así pues, le dije que yo creía en un Dios que es un Dios de bondad y compasión, que envió a su Hijo único por amor a nosotros. No es un Dios vengativo. La invité a ir a confesarse y pedir al sacerdote que le asignara otra forma de cumplir su promesa sin tener que salir de la ciudad.

Tenemos que estar preparados para dar testimonio de nuestra fe de esta forma, cuando las devociones populares dejan a la gente confundida sobre Dios y sobre su fe. No les digamos que están mal, pero tenemos que dar testimonio de lo que sabemos y creemos. El Papa Pablo VI dijo en la exhortación apostólica *Evangelii Nuntiandi* que la piedad popular a veces da a la gente una comprensión incorrecta e incluso supersticiosa de la fe. Pero también sostiene que la piedad popular alimenta nuestra sed de Dios, fomenta la generosidad y el sacrificio heroico, incrementa la conciencia de que Dios está siempre en nuestras vidas así como su amor; también nos enseña valores evangélicos como la paciencia, el desprendimiento, la devoción, la apertura a los demás y el sentido de la Cruz en nuestra vida cotidiana. Debemos ver la piedad popular con equilibrio, respetándola como el gran don que es, pero también evangelizándola, de forma que nuestra fe y el amor de Dios resplandezcan a través de ella.

Los latinos tienen numerosas y bellas tradiciones de devoción que enriquecen nuestra fe y nuestro culto, como la tradición puertorriqueña de venerar a su patrón san Juan Bautista; la fe de los guatemaltecos en El Cristo Negro de Esquipulas; y la veneración de los salvadoreños por el beato Mons. Óscar Romero, el arzobispo de San Salvador asesinado y popularmente aclamado como mártir y santo. Otras expresiones de fe abundan entre los hispanos, como el Día de Muertos y la comunión espiritual con los que nos han precedido, la devoción al Sagrado Corazón de Jesús y la costumbre de tener altares en casa con imágenes de Jesús, María, los santos y los seres queridos.

Devociones a Jesús crucificado y a la Virgen María

Hay dos devociones muy extendidas en todos los grupos latinos que tienen un particular impacto en el culto y devoción de las parroquias de Estados Unidos: el amor a Jesús crucificado y la devoción a su madre, María, que acompaña a su hijo en el camino del Calvario y está presente entre los fieles latinos en muchos tipos de imágenes. Analicemos estas tradiciones y la forma en que nos conducen a una participación más profunda en la Eucaristía.

Una de las prácticas de fe más extendidas entre los latinos es la organización y celebraciones del Vía crucis, especialmente en los Viernes Santos. Los hispanos quieren participar en la pasión de Cristo y proclamar este gran símbolo del amor de Dios con oraciones y procesiones públicas atravesando los barrios y las calles de las ciudades. Católicos, no católicos, vecinos, transeúntes e incluso los borrachitos se involucran en este acto público de culto. Líderes de las comunidades hispanas nos recuerdan que "el aprecio de los latinos por los actos de culto públicos es una de las contribuciones que hacemos a la sociedad americana. Creo que hay sed de ello en la vida de los americanos. Te permite acceder a la fuerza de una experiencia colectiva."

Muchos latinos hacen el Vía crucis como una oración para pedir perdón. Como dice el tradicional himno del Viernes Santo Perdona a tu pueblo: "reconocemos nuestro pecado que tantas veces has perdonado, perdónanos, Señor." En estos ritos, los participantes también son llevados a un encuentro personal con Cristo. Una meditación introductoria para un Vía crucis capta este deseo de crecer en la fe:

> Jesús nos invita a ti y a mí a "venir y seguirlo." Es fácil seguirlo por los lagos y campos de Galilea; pero esto se vuelve más difícil cuando entra a Jerusalén y, todavía más difícil, cuando camina bajo el peso de la cruz hacia el Calvario. Aun así, Él nos invita a ti y a mí a venir y seguirlo pisando sus mismas huellas. Aceptemos su invitación para que podamos seguir creciendo en el aprecio por el amor que nos tiene.

Los hispanos también han puesto al Vía crucis en relación con los problemas de su comunidad, como la falta de vivienda, sobrepoblación escolar, inmigración y pandillas callejeras. El Vía crucis del inmigrante lo organizan inmigrantes indocumentados de Nueva York. Se subrayan los puntos comunes entre el sufrimiento de Jesús y el de los indocumentados: la procesión comienza ante las oficinas del Servicio de Ciudadanía e Inmigración de Estados Unidos, los soldados romanos obligan a Jesús a llevar su cruz con la orden "¡Camina, camina ilegal!" y el evento se dedica "a la memoria de todos aquellos inmigrantes que han caído en la batalla por vivir con una mayor dignidad, fuera de su tierra, lejos de sus familias."

Para los latinos, el Viernes Santo no tiene que ver solo con Jesús, sino también con su madre María y con el amor que existe entre ellos dos, un amor que la muerte no puede destruir. Después de la crucifixión, la presencia de María se hace más fuerte cuando los creyentes dirigen su atención a la Madre

Dolorosa que llora a su Hijo colocándolo en la tumba después de haber muerto. La liturgia oficial de la Iglesia Católica Romana no prevé alguna ceremonia para recordar la sepultura de Jesús o la presencia de María después de El Calvario, pero las expresiones de fe hispanas reviven estos hechos. En algunos lugares, una procesión con velas acompaña a María y al cuerpo crucificado de su hijo por las calles alrededor de la iglesia. El pésame que se da a María, a menudo incluye testimonios de madres de familia y de otros miembros de la comunidad que han perdido a seres queridos. De esta forma, unen su sufrimiento al de ella. El Viernes Santo pone a los fieles en contacto con el sacrificio de Jesús, pero también con la agonía de María presenciando la pasión de su Hijo, con su fortaleza como mujer de fe y con su amor de madre por todos.

Así, la dimensión comunitaria de la cultura hispana y de la fe católica es evidente en las celebraciones del Viernes Santo. Como las expresiones de condolencia que los hispanos frecuentemente ofrecen en un velorio o en un funeral a quienes han perdido un ser querido—"te acompaño en tus sentimientos"—lo que importa el Viernes Santo es la compañía fiel. La gente recorre con Jesús y María el camino hacia el Gólgota y se introducen en el círculo familiar de la Madre y el Hijo. Los fieles hispanos acompañan a Jesús y a María con la oración, particularmente en las horas obscuras del Viernes Santo. Lo hacen con la inquebrantable confianza en que Jesús y María también los acompañan a ellos en sus luchas.

María también es venerada por los hispanos al ser la patrona de sus países de origen: Nuestra Señora de la Caridad del Cobre, en Cuba; Nuestra Señora de Altagracia, en República

Dominicana; Nuestra Señora de Copacabana, en Bolivia; Nuestra Señora de Luján, en Argentina; Nuestra Señora de Aparecida, en Brasil; Nuestra Señora de Suyapa, en Honduras; y Nuestra Señora de la Paz en El Salvador, entre otras que se encuentran en todo país de habla hispana. Los líderes de la pastoral hispana han promovido la unidad de los católicos invitando a la gente a apreciar las tradiciones marianas de los otros países. Para ello han promovido que en las parroquias se preparen altares dedicados a ellas o se organicen procesiones en los días de fiesta, como por ejemplo, el día de la Inmaculada Concepción.

Quizás la devoción más conocida es la devoción a Nuestra Señora de Guadalupe. El *Nican mopohua* narra los encuentros entre la Virgen de Guadalupe y el indio San Juan Diego, canonizado en el 2002. Con complejos y poéticos detalles, este texto escrito en náhuatl narra la historia bien conocida de los encuentros, llenos de ternura, entre Juan Diego y la Virgen, quien le mandó pedir a Juan de Zumárraga, primer obispo de México, que construyera un templo en su honor, en la colina del Tepeyac. Al inicio, el obispo dudó del origen celestial de la petición, pero salió de su incredulidad cuando Juan Diego le presentó unas hermosas flores cosechadas fuera de temporada y la imagen de la Virgen impresa milagrosamente en su tilma.

Liturgia y piedad popular

Los líderes hispanos no están interesados solamente en las expresiones de fe de sus comunidades, sino también en la fervorosa participación de los latinos en los sacramentos, especialmente en la Eucaristía. Como otros católicos, cuando comenzó a decirse la Misa en lengua vernácula después del Concilio Vaticano II y se desarrolló el ministerio de los laicos en el culto, los hispanos impulsaron la renovación litúrgica sirviendo como lectores y ministros de la Eucaristía y de la hospitalidad. Muchos diáconos permanentes hispanos se sintieron llamados a su vocación después de haber servido en un ministerio laico relacionado con el culto. Los ministros hispanos de la música y el coro han buscado mejorar las celebraciones eucarísticas a través de su oración cantada y de la composición de himnos, antífonas y salmos responsoriales en ritmos que van desde los caribeños a los de México y el Suroeste de Estados Unidos.

La principal preocupación litúrgica de estos líderes ha sido contar con más Misas dominicales en español y con un estilo de culto que tenga más resonancia en los hispanos. Otra gran preocupación es construir una fuerte relación entre la Eucaristía y las expresiones culturales y de fe de los hispanos. Los predicadores han afrontado esta preocupación en ocasiones como la fiesta de la Virgen de Guadalupe, relacionando la Eucaristía, los textos de la Escritura y la narración de las apariciones de la Virgen. Los líderes hispanos encargados del culto han tratado de incorporar las expresiones de fe de la comunidad a la Eucaristía. En algunas comunidades, por ejemplo, una celebración modificada de las posadas abre la Misa en la víspera de Navidad. Mientras José y María buscan alojamiento, los dos santos peregrinos son acogidos en la iglesia de la parroquia, donde encabezan la procesión en la Misa de medianoche, acompañados por la canción de las posadas.

Algunos párrocos y ministros de la liturgia han prohibido, restringido o nunca empezado esta combinación de tradiciones devocionales con las celebraciones eucarísticas, temiendo que la centralidad del rito oficial de la Eucaristía se vea reducida. Pero quienes proponen esta práctica, argumentan que las expresiones de fe como las posadas se enriquecen, y su relación con la Eucaristía se ve fortalecida, cuando ésta incorporación se hace con cuidado. Para el P. Juan Sosa, presidente del Instituto Nacional Hispano de Liturgia, estas expresiones "pueden mejorar nuestras celebraciones eucarísticas e involucrar a la asamblea en una celebración más profunda del misterio pascual", esto es, de la pasión, muerte y resurrección de nuestro Señor Jesucristo.

En el caso de la posada y la liturgia de Navidad, el rechazo que sufrieron José y María en Belén y el nacimiento de Cristo en un simple pesebre, muestran que Dios ama a los que el mundo olvida. Quienes promueven las posadas, promueven la acogida que los fieles deben dar a los peregrinos recién llegados, como María y José, encarnando la llamada de la liturgia navideña a que los creyentes reciban a Cristo y le permitan nacer de nuevo en sus corazones.

Nuestra oración culmina en la Eucaristía

La meta más importante que deben perseguir las expresiones de fe hispanas es llevar a las personas a un encuentro más profundo con Jesús en la Eucaristía. Apoyándose en su experiencia de piedad popular vivida en sus familias y comunidades, muchos hispanos tienen un profundo sentido del significado de la Eucaristía como fiesta profética. Hace unos años fui a la celebración de unas bodas de oro. En la Misa, Doña Librada, la esposa, agradeció a los invitados por su presencia. Mencionó que todos sus nietos y bisnietos estaban ahí presentes, así como once de sus doce hijos. El único que faltaba era su hijo Cruz, el cual había llamado desde la prisión la noche anterior. Doña Librada nos dijo que su corazón estaba lleno de alegría al ver a tantos familiares y amigos juntos, y que ese tipo de reuniones eran su mayor satisfacción en esta etapa final de su vida. Pero añadió que su alegría no podía ser completa porque su hijo Cruz no estaba con ella y porque "el corazón de una madre siempre quiere más al hijo que más le necesita."

El testimonio de Doña Librada expresa una profunda comprensión de la Eucaristía como fiesta profética. La Eucaristía es la celebración festiva del banquete eterno que tanto anhelamos; pero es también un recordatorio profético de que el banquete aún está por llegar. Si bien estamos llamados a reunirnos con gran gozo mientras tomamos parte en un anticipo del banquete celestial, nuestros corazones deben sentir la ausencia de nuestras hermanas y hermanos que se encuentran en problemas o están ausentes.

De la misma forma, las costumbres de la piedad popular hispana celebran intensamente que la vida—incluso aquella llena de sufrimiento y dificultades—es un don de Dios por el que debemos estar profundamente agradecidos. Al mismo tiempo, estas costumbres hacen más profundo nuestro compromiso de resistirnos a las injusticias que afectan la vida y dignidad humanas. El espíritu de la fiesta profética incorporado a la piedad popular hispana es una de nuestras mejores preparaciones para participar de forma más plena en la Eucaristía.

Aquellos de nosotros que somos líderes en nuestras comunidades o ministros de liturgia, necesitamos orientar a los fieles hispanos para que vivan esta relación entre su piedad popular y la Misa. Como el Papa san Gregorio Magno explicó a los ministros de la liturgia, al final del siglo VI en su famoso tratado *Regula pastoralis* (Manual de pastoral): "Toca a quienes llevan los vasos del Señor, ofreciendo primero su testimonio de vida, llevar las almas de sus prójimos a las moradas eternas."

Ante todo, debemos guiar a otros y a nosotros mismos a una más profunda experiencia de comunión en la Santa Eucaristía. Como católicos necesitamos recordar que en toda la historia de la Iglesia, en realidad, solo hay una celebración de la Eucaristía: la Última Cena. Cuando nos reunimos en nuestras parroquias no estamos celebrando Misa otra vez, sino que estamos, más bien, participando en una Misa que se extiende a todos los tiempos, lugares y culturas. Estamos ahí con Jesús y sus discípulos en el cenáculo, y no sólo con ellos: las imágenes sagradas que se encuentran en nuestras iglesias nos recuerdan que estamos unidos con todos los que han participado en la Eucaristía en el pasado, el presente e, incluso, en el futuro. Piensa en esto: este domingo, católicos de todos los países escucharán y reflexionarán en las mismas lecturas de la Biblia y recibirán el mismo don de la Eucaristía.

Jesús está realmente presente en su Palabra y en su Cuerpo y Sangre; pero también está presente en cada uno de nosotros que ha recibido la Eucaristía. Por ello, aquellos discípulos de la Última Cena están unidos a nosotros en comunión, al igual que nuestros padres y abuelos, y gente que ni siquiera conocemos. Amigos y enemigos se encuentran aquí junto con presidentes y simples peones. Campesinos y papas se unen con el banquero y el ama de casa. Tenemos esta unidad nunca rota con otros, a través de los siglos. Estamos todos unidos en una comunión que trasciende el tiempo y el espacio, e incluso la muerte.

Una amiga a la que conocí tuvo una experiencia que muestra con mucha claridad cuán profundo es el don de la comunión, un don que nosotros los católicos tenemos la gracia de vivir. Creció en una familia muy unida. Era muy inteligente y tuvo oportunidad de ir a la universidad fuera de su ciudad. Su mamá no estaba muy contenta con la idea, pero su papá insistía en que era muy importante para una mujer en Estados Unidos contar con una buena educación. Estaba muy emocionada al principio, pero después tuvo un poco de miedo. Iba a pasar de la seguridad de su familia y comunidad a comenzar sus estudios en la universidad estatal, donde no conocía a nadie. Su padre la tranquilizó. Le dijo que, cuando le ayudaran a mudarse a la universidad, le ayudarían también a encontrar una iglesia católica de forma que pudiera ir a Misa. Le dijo que iría a Misa una vez que regresara a casa y que, cada vez que ella recibiera la comunión en la universidad, estaría unida a él cuando comulgara de vuelta a casa. Cuando le mandaba cartas, su papá le recordaba lo que le había dicho firmando con estas palabras: "Nos vemos en la comunión."

Años más tarde, su padre murió. En el funeral, ella le dijo adiós con las mismas palabras: "Papi, nos vemos en la comunión."

Pidamos a Dios que nos ayude a ser líderes que lleven a sus comunidades a valorar las expresiones de fe de nuestra tradición hispana y que sepamos ayudar a nuestros hermanos y hermanas a encontrar a Jesucristo todavía más profundamente en la Santa Eucaristía. Hermanas y hermanos, "nos vemos en la comunión."

Preguntas para reflexionar y discutir

1. ¿Cuál es tu experiencia más profunda de Dios en la Eucaristía?

2. ¿Qué tradiciones religiosas hispanas conoces o has vivido en tu familia y comunidad? ¿Qué significan estas tradiciones para ti y tu familia?

3. Según tú, ¿cuál aspecto de la piedad popular hispana tiene más necesidad de ser purificado a la luz del Evangelio?

4. En tu opinión, ¿cuál valor de la piedad popular hispana ayuda más a la gente a participar en la Eucaristía y a procurar una vida santa?

5. Texto clave del *Catecismo de la Iglesia Católica*:

> Por tanto, la celebración de la liturgia debe corresponder al genio y a la cultura de los diferentes pueblos (cf. Vaticano II, *Sacrosanctum Concilium*, 37–40). Para que el Misterio de Cristo sea "dado a conocer a todos los gentiles para obediencia de la fe" (Romanos 16:26), debe ser anunciado, celebrado y vivido en todas las culturas, de modo que estas no son abolidas sino rescatadas y realizadas por él (cf. Juan Pablo II, *Catechesi tradendae*, 53). (*Catecismo de la Iglesia Católica*, 1204)

¿Cómo se puede celebrar la liturgia—especialmente la Eucaristía—de manera que corresponde al genio de las culturas hispanas?

—|5|—

Transmitir la fe a las siguientes generaciones

Los jóvenes hispanos que emigran a Estados Unidos a menudo muestran una increíble perseverancia en sus esfuerzos por vivir su fe y evangelizar. Un joven decía: "Cuando llegué, busqué un grupo como el grupo en el que estaba en Guatemala, pero no pude encontrar ninguno. Entré a un grupo de adultos en mi parroquia; pero yo era el más joven y nadie me entendía." Después lo intentó con un grupo de oración en otra parroquia, pero no se sintió a gusto orando de aquella forma. Más tarde encontró en otra parroquia un grupo, en inglés, para adolescentes, pero tampoco se sintió a gusto ahí porque era el mayor, el inglés era la lengua que prevalecía y ninguno le entendía. Después de cuatro años de búsqueda, finalmente: "encontré una pequeña comunidad de jóvenes de mi edad." La fe y la comunidad que encontró en ese grupo lo llevó a formarse como líder de pastoral juvenil. Su itinerario para encontrar un hogar espiritual en un grupo de jóvenes católicos despertó en su alma algo que él concibe como una vocación: "Siento que Dios me llama a no permitir que otros jóvenes vayan por ahí perdidos y desorientados sin encontrar una comunidad que los acoja y ayude a vivir su fe."

Ministerios pastorales para los jóvenes

Jóvenes hispanos como este son muy necesarios para el presente y el futuro del Catolicismo en Estados Unidos. Un compromiso con su fe como éste, entre los jóvenes hispanos, fue evidente en el Primer Encuentro Nacional de Pastoral Juvenil Hispano. Este evento, realizado en el 2006 y convocado por la National Catholic Network de Pastoral Juvenil Hispano—La Red—se convirtió en todo un hito. Alrededor de 40,000 jóvenes y líderes del ministerio hispano participaron en encuentros parroquiales, diocesanos y regionales que culminaron en una reunión nacional en la Universidad de Notre Dame. El compromiso de los jóvenes latinos fue evidente por los sacrificios que hicieron para participar en el Encuentro Nacional. Muchos viajaron toda la noche en autobuses o camionetas, pagaron de su propio bolsillo parte o todos los costos del congreso y trabajaron muchas horas extras para reponer los días que no pudieron asistir al trabajo.

Conocí en el Encuentro a un joven que renunció a su trabajo de lavaplatos en Seattle porque su jefe no quiso darle unos días libres para poder asistir. No estaba seguro de en qué iba a trabajar cuando regresara, pero dijo que nada le iba a impedir participar en el Encuentro. El documento conclusivo del Encuentro presenta la visión de los jóvenes hispanos para el ministerio y la evangelización, y sostiene que "la nueva vida que están dando a nuestra Iglesia proviene del celo apostólico de jóvenes que, habiendo puesto a Jesús en el centro de su vida, dedican horas y más horas a compartir y fomentar la fe con sus compañeros."

Además de convocar el Encuentro Nacional, La Red, fundada por jóvenes latinos en 1997, se dedica a promover la formación y el liderazgo en los jóvenes hispanos así como a desarrollar modelos de pastoral, prácticas, estrategias y recursos que les permitan vivir como discípulos activos.

Las organizaciones de ministerio hispano han apoyado a los jóvenes en sus esfuerzos. El Instituto de Pastoral del Sureste (SEPI, por sus siglas en inglés) de Miami ha creado, en colaboración con otros líderes, programas de formación destinados a la pastoral juvenil hispana. El Instituto Fe y Vida es el que más ha hecho para hacer avanzar el ministerio con los jóvenes hispanos, a través de sus programas nacionales de capacitación para el liderazgo, dirigidos tanto a los mismos jóvenes como a aquellos que trabajan con ellos. También ha impulsado este ministerio a través del desarrollo de recursos y de sus publicaciones sobre jóvenes hispanos y los esfuerzos apostólicos entre ellos.

Aun así, en su documento *Encuentro y misión*, los obispos de Estados Unidos reconocen que la pastoral juvenil en las parroquias "en la mayoría de los casos, no llega a incluir a los jóvenes hispanos" y que "los adolescentes hispanos nacidos en Estados Unidos son el segmento más grande de los

jóvenes hispanos, y los menos servidos" (no. 70). Los jóvenes
latino-católicos son una fuerza importante y potencialmente
transformadora para el Catolicismo de Estados Unidos y de la
sociedad en general, pero existen considerables obstáculos para
que esa fuerza despliegue todo su potencial.

Un reto fundamental para los católicos es transmitir la fe;
algo que tratamos de hacer en la familia, en los grupos de jóvenes y de adultos jóvenes, en retiros y movimientos apostólicos, en la catequesis, en las escuelas católicas y en el ministerio
universitario.

Los retos de las familias inmigrantes y la educación de nuestros hijos

Una dificultad en particular que encuentran los hispanos al
transmitir la fe, es que las formas de hacerlo que funcionan
con una generación, especialmente los inmigrantes, no siempre funcionan con los hijos y los nietos. Recuerdo el episodio
de un programa de televisión llamado *Familia Americana: Un
camino hecho de sueños* (*American Family: Journey of Dreams*).
Cuando la hija de unos inmigrantes mexicanos de Los Ángeles
ganó una prestigiosa beca y se le pidió que diera un discurso
a los jóvenes de su preparatoria, su madre le hizo un vestido
especial para la ocasión. La hija no le podía decir a su mamá
que el vestido estaba muy bien para su pueblo en México, pero
que no era del estilo que usaban sus nuevas amigas en Estados
Unidos.

Así pues, el día de la presentación, usó el vestido cuando
salió de casa, pero se cambió en el camino. Mientras tanto su
mamá hizo que su papá volviera más temprano del trabajo y se

fueron a la escuela para dar una sorpresa a su hija. Los papás llegaron justo cuando estaba dando su discurso. Las miradas de la mamá y de la hija se cruzaron. No fueron necesarias las palabras. La vergüenza que se dibujó en el rostro de la hija y la tristeza en el de la madre lo dijeron todo. La madre salió inmediatamente de la escuela y se fue directa a su casa. Su esposo trató de consolarla, pero ella no dejaba de llorar. Al final le dijo: "¿A qué clase de país me has traído, donde una mamá ni siquiera sabe cómo hacerle un vestido a su propia hija?"

Este es el dolor de las madres y de los padres inmigrantes. Hacen grandes sacrificios para poder darles a sus hijos una vida mejor, pero ellos crecen en una cultura que es muy distinta a la de sus padres. El reto está en lograr que sus hijos se beneficien de las mejores cosas de Estados Unidos, pero que al mismo tiempo no pierdan los grandes valores de nuestra herencia latina y especialmente de nuestra fe católica.

Los padres de familia y los líderes de las parroquias son los colaboradores más importantes en este esfuerzo de transmitir la fe a nuestros jóvenes. Desgraciadamente, al igual que los católicos de otras culturas y países, la mayoría de los hispanos mandan a sus hijos a las clases de preparación para la primera comunión y muchos los han preparado también para la confirmación, pero la participación en la educación religiosa, que no está relacionada directamente con la preparación sacramental, es menos frecuente.

Así la necesidad de preparar a más catequistas, ofrecer programas de catequesis más atractivos y animar a los padres de familia y a sus hijos a participar en ellos es un reto fundamental para cualquier esfuerzo de ministerio hispano en las parroquias y diócesis de Estados Unidos. Invito a todos los que leen estas palabras, a ser conscientes de la gran importancia que tiene en este país, hacer que nuestros jóvenes vayan a la escuela y la universidad. La educación—para nuestros hijos y nuestras hijas—es la llave para dignificar la vida en Estados Unidos. Nosotros o nuestros padres pudieron ir por la vida sin mucha educación formal, pero nuestros hijos y nietos están viviendo en un mundo distinto. Debemos animar a todos los jóvenes de nuestras comunidades a ser conscientes de esto y a entregarse con dedicación a los estudios.

Pero si queremos que a nuestros hijos les vaya bien en la escuela, ¡cuánto más importante es que se formen también en su fe católica! Por ello, debemos animarlos a que participen en los programas de educación religiosa, retiros para jóvenes y cualquier otra actividad organizada por nuestras parroquias y diócesis. Debemos, además, enseñarles la fe en la "iglesia doméstica", es decir, en nuestras casas.

Tipos de jóvenes hispanos

Ken Johnson-Mondragón, en sus trabajos con el Instituto Fe y Vida, nos ayuda a entender la experiencia y las necesidades de los jóvenes hispanos. Clasifica a los jóvenes en (1) inmigrantes trabajadores que hablan español; (2) jóvenes en vías de integración que dominan el inglés (mainstream movers) y que han buscado o alcanzado un estatus de personas integradas con la cultura americana; (3) buscadores de identidad, esto es, jóvenes bilingües que viven alternando entre las dos culturas y (4) miembros de bandas callejeras o en alto riesgo. Estas categorías ofrecen una información vital para cualquiera que desee trabajar en la trascendental labor de transmitir la fe a los jóvenes.

Jóvenes trabajadores inmigrantes que hablan español: son los que vienen a Estados Unidos después de los 15 años. Tienen menos medios económicos y educación formal; prefieren hablar español y trabajan en el sector de servicios, agricultura o trabajos manuales. Las conclusiones del Primer Encuentro Nacional de Pastoral Juvenil Hispana sostiene que su situación es a menudo de gran sufrimiento: la soledad por estar lejos de la familia y de casa, las experiencias de marginalización y discriminación, y de vivir en un ambiente intoxicado por la violencia y las tentaciones de caer en alguna adicción. La mayoría son de México y casi la mitad indocumentados. Algunos emigraron con sus familias. Muchos otros viven en Estados Unidos separados de sus familias que se quedaron en casa, lo que los lleva a involucrarse en las parroquias católicas y en los movimientos apostólicos como un medio para crear una red de amigos y vivir su fe.

Los jóvenes inmigrantes trabajadores traen consigo una experiencia de fe enraizada en los ministerios de Latinoamérica llamados "pastoral juvenil." Estos grupos y movimientos han formado a los jóvenes en su fe e inculcado en los inmigrantes el deseo de encontrar o crear ministerios similares en Estados Unidos. Incluso la terminología y comprensión de la juventud como una etapa de la vida refleja la influencia de Latinoamérica. Muchos ministerios en español reflejan la perspectiva de las culturas hispanas en las que "joven" se refiere a personas solteras entre los 16 y los 30 años, pero no a aquellos que están en ese rango de edad, pero ya están casados y con hijos.

En algunos lugares de Estados Unidos se tiene una "pastoral con adolescentes" para separar a los más jóvenes de aquellos que ya han alcanzado la mayoría de edad legal (en Estados Unidos, 18 años). En otras parroquias y diócesis de Estados Unidos, la clasificación latinoamericana de "joven" y "pastoral juvenil" sigue usándose.

Entre las otras categorías de jóvenes hispanos, los jóvenes trabajadores inmigrantes están más inclinados a practicar devociones hispanas tradicionales y a conservar su fe católica. Estos jóvenes crean por sí mismos grupos de oración, así como grupos de retiros, coros para la Misa y grupos de amigos, aunque generalmente buscan el apoyo de un sacerdote o parroquia.

Los jóvenes inmigrantes a menudo tienen poco liderazgo y conocimiento de su fe, pero muchos se esfuerzan por adquirirlos en cuanto les es posible. Los obispos de Estados Unidos hacen notar en *Encuentro y misión* que algunos líderes de pastoral miran a estas iniciativas como separatistas y, por consiguiente, "existe cierta resistencia para aceptar, afirmar y apoyar" tales esfuerzos, incluso aunque ayuden a "llenar este vacío" (no. 70) de atención que se brinda a los jóvenes de habla hispana. Johnson-Mondragón lamenta tales "convicciones pastorales desorientadas" entre el personal de las diócesis, párrocos y ministros de jóvenes que no logran encauzar y apoyar la pastoral juvenil. Sin embargo, los ministerios que involucran principalmente a jóvenes inmigrantes con un lenguaje y estilo que les es familiar obtienen los mejores resultados.

Jóvenes en vías de integración: esta segunda categoría de jóvenes latinos son los que se han adaptado a la vida en Estados Unidos. Prácticamente todos son ciudadanos americanos, a menudo hijos o nietos de inmigrantes. La mayor parte habla inglés; los que hablan español tienden a usarlo como una herramienta para su desarrollo profesional. Algunas ventajas, como provenir de una familia con más medios, les permiten alcanzar un nivel de educación y un estatus socioeconómico que favorece su progreso dentro de la sociedad americana. Desafortunadamente algunos se disocian del estatus de "clase baja" de ser hispanos y critican a las mismas comunidades hispanas como obstáculos para el progreso de los latinos. Estas actitudes pueden permear su forma de ver el Catolicismo, especialmente si miran a las prácticas de los hispano-católicos como vestigios de una anticuada herencia de inmigrantes. Eso hace que, con mayor facilidad, ingresen a iglesias protestantes o simplemente no practiquen ninguna religión. Sus agendas tan llenas y el éxito profesional pueden causar que dejen de practicar su fe.

Los jóvenes en vías de integración involucrados en ministerios de jóvenes se adaptan más fácilmente a los grupos de jóvenes y adultos jóvenes en parroquias de habla inglesa, y al ambiente de las escuelas católicas, el ministerio en las universidades y a los retiros de jóvenes en inglés. Muchos quieren profundizar en su fe después de colaborar en apostolados para ayudar a los necesitados, proteger el ambiente o crear un mundo más justo.

La historia de una joven católica de Arizona ilustra el influjo del ministerio de jóvenes en aquellos que se encuentran en vías de integración. Educada en las tradiciones mexicanas de su madre y de su barrio, su fe se nutrió en el Newman Center de su universidad; en el servicio, inspirado en la fe, con el Cuerpo de Voluntarios Jesuitas y en grupos de discusión para adultos

jóvenes llamados "Teología de barril" (Theology on Tap). Los
católicos comprometidos como ella pueden ser "gente-puente"
muy valiosa; líderes que construyan puentes entre los hispanos
y gente de otros contextos culturales.

Jóvenes buscadores de identidad: la tercera categoría está formada por jóvenes latinos cuyas dificultades nacen de encontrarse entre la nostalgia de sus mayores por la tierra que dejaron
y el nuevo país en que ellos crecieron. No se sienten completamente inmigrantes hispanos, pero tampoco se sienten parte
de la cultura americana; buscan una identidad y autoestima.
Muchos son bilingües, pero hablan inglés con sus amigos.
El aguijón del prejuicio y el haber sido educados en escuelas
públicas con altas tasas de abandono frenan su desarrollo. Una
espiral de aburrimiento, resentimiento social u odio hacia sí
mismos, al ver que sus vidas no progresan, puede conducirlos a
comportamientos destructivos como el alcohol, el uso de drogas y la promiscuidad sexual.

El ministerio para jóvenes en parroquias de habla inglesa,
o la pastoral juvenil en español, pueden satisfacer el deseo de
pertenencia que sienten los buscadores de identidad, ofrecién-
doles un grupo acogedor al que puedan pertenecer. Aunque
muchos no logran integrarse en este tipo de grupos, los que lo
logran, por lo general, se sienten atraídos porque se identifican
con los líderes y demás miembros como compañeros en la búsqueda de una identidad y sentido de la propia valía.

Los líderes del ministerio hispano y los jóvenes hispanos
han iniciado algunos esfuerzos para salir al paso de su situación
bicultural, como el programa "RESPETO: Un currículo de
formación para el liderazgo de los jóvenes latinos" desarrollado

por Arturo y María Báez-Chávez de la Universidad Católica México-Americana (Mexican American Catholic College) de San Antonio. Aun así, como los obispos de Estados Unidos lo confirman en *Encuentro y misión*, una de las necesidades más urgentes en el ministerio hispano sigue siendo "que se desarrollen modelos ministeriales que respondan a las necesidades y aspiraciones específicas de los jóvenes hispanos, nacidos en Estados Unidos" (no. 70).

Jóvenes miembros de bandas callejeras o en alto riesgo: los jóvenes en esta última categoría por lo general nacieron en Estados Unidos o llegaron muy jóvenes al país. Mientras algunos estudios muestran que el tres o el cuatro por ciento de los jóvenes hispanos son o eran miembros de bandas callejeras, es importante recordar que la mayoría de los jóvenes latinos no son ni miembros de bandas callejeras ni están en la cárcel. Aunque el número de jóvenes latinos en alto riesgo de caer en abuso de drogas, violencia u otra actividad criminal siga aumentando, Johnson-Mondragón estima que éste sigue siendo el grupo más pequeño de sus cuatro categorías; sin embargo, es todavía una trágica proporción del diez al quince por ciento de los jóvenes hispanos.

Las parroquias, las diócesis y los institutos de pastoral han comenzado escasamente a trabajar con estos jóvenes. El P. Greg Boyle y sus hermanos jesuitas en Dolores Mission, al este de Los Ángeles, comenzaron en 1988 un ministerio entre los latinos miembros de bandas callejeras llamado "Empleos por un futuro" (Jobs for a Future). Sus esfuerzos llegaron más allá de la parroquia y se convirtieron en Homeboy Industries, una iniciativa reconocida a nivel nacional que ofrece a los jóvenes una vía de salida de las pandillas callejeras y les ayuda en una transición a una nueva vida. Antiguos miembros de pandillas o ex prisioneros que han tenido una profunda experiencia de conversión y de fe, son los mejores ministros para los jóvenes latinos en alto riesgo. Para los latinos y para otros jóvenes involucrados en este ciclo destructivo, es muy difícil lograr una radical conversión religiosa. Desgraciadamente, estos esfuerzos son esporádicos, al igual que son esporádicos tanto los líderes preparados para llevarlos a cabo como los recursos de la Iglesia para apoyar estos ministerios.

Los líderes de la juventud hispana acusan al Catolicismo de Estados Unidos de tener una débil dimensión "misionera", especialmente en el caso de los miembros de las bandas callejeras y de la juventud en alto riesgo. Como Lynette DeJesús Sáenz hace notar: "Es muy raro que los líderes vayan en busca de los adolescentes perdidos de la comunidad, a no ser que los padres lo pidan explícitamente." Sáenz reconoce que los jóvenes necesitan madurez y preparación para ser misioneros de otros jóvenes; pero insiste en que llegar a los jóvenes "que se encuentran en los márgenes de la vida social y de la comunidad" no es otra cosa que "la llamada del Evangelio."

Los delegados de la juventud hispana en su Primer Encuentro Nacional adoptaron esta perspectiva como una obligación para el trabajo con los jóvenes latinos de hoy. De acuerdo con las conclusiones del Encuentro, circunstancias como la presión de los compañeros, la influencia de los medios de comunicación, la pobreza, la soledad, la discriminación, las dificultades de la transición generacional para los hijos de los inmigrantes y el número de jóvenes inmigrantes que viene a Estados Unidos sin sus familias "clama por la acción misionera de los jóvenes activos en su propia generación."

Mirar al futuro

Johnson-Mondragón concluye que la falta de ministerios hechos a la medida de las situaciones concretas por las que atraviesan los jóvenes latinos, es uno de los más grandes obstáculos para nutrir su fe católica y su deseo de practicarla. Los líderes de la juventud hispana y del ministerio para adultos jóvenes coinciden en el documento del Primer Encuentro Nacional, lo cual afirma que "se necesita creatividad y diversidad de respuestas pastorales" para comprometer a la juventud hispana, porque "un solo modelo no sirve para todos." Así, quienes proponen el ministerio para los jóvenes y los adultos jóvenes hispanos, enfatizan que llegar a los jóvenes pueda requerir formar dos o más grupos en la parroquia para involucrarlos verdaderamente, de acuerdo con sus necesidades.

La directora del Instituto Fe y Vida, Carmen Cervantes, invita a los líderes pastorales a adoptar un enfoque de "comunidad de comunidades" en el ministerio para los jóvenes y adultos jóvenes—dos o más pequeñas comunidades de fe en una parroquia pueden salir al paso de las diversas necesidades, aunque después se junten para las Misas y demás actividades comunes. Por ejemplo, un grupo de jóvenes podría tener sus reuniones en español y dar respuesta así a las necesidades de los trabajadores inmigrantes, mientras otro grupo podría tener sus reuniones en inglés o de forma bilingüe, y centrarse más en las preocupaciones de los jóvenes buscadores de identidad. Cervantes sostiene que el enfoque de comunidad de comunidades, "si se hace bien, crea espacios para los diversos grupos de forma que puedan participar en la vida de la parroquia superando las diferencias culturales y socioeconómicas que generalmente llevan a la alienación o separación." Aquí el punto principal es trabajar sin descanso por atraer a los jóvenes para que participen en los grupos y actividades de la parroquia.

La transición generacional de inmigrante a nacido o educado en Estados Unidos se encuentra en el corazón del reto de evangelización que tienen los latinos. A medida que los jóvenes latinos comienzan a rebasar el nivel de educación formal de sus padres y abuelos, necesitan una catequesis que de verdad interpele sus mentes y corazones. A menudo la fe de sus mayores no da respuesta a la compleja realidad en que viven. Necesitan formación en la fe católica y doctrina que dé respuestas a esa realidad, y que a la vez se construya sobre sus tradiciones religiosas. Cuando las familias católicas, las parroquias, las escuelas y los ministerios de jóvenes no ofrecen una formación que tenga en cuenta el contexto cultural de los jóvenes latinos y las circunstancias concretas de su vida, ellos tienden a participar más en iglesias pentecostales o evangélicas, o simplemente abandonan toda práctica religiosa y tradición.

Muchos líderes del ministerio hispano están preocupados porque cada vez hay más jóvenes latinos que no han experimentado las tradiciones religiosas hispanas que formaron a sus mayores en la fe. Aun así, la capacidad para afrontar a la luz de la fe católica las situaciones y problemas de la vida contemporánea, es un complemento necesario para una persona enraizada en la herencia cultural hispano-católica.

Lo que se necesita con mayor urgencia es movimientos apostólicos, experiencias de educación religiosa, líderes de pastoral y maestros que sepan construir sobre las tradiciones familiares y culturales, y formar a los latinos en una fe que es una forma concreta de afrontar las diversas situaciones de la vida. Tenemos muchos retos ante nosotros. Pidamos a Dios que nos ayude, para que mientras hacemos grandes sacrificios para dar a nuestros hijos una vida mejor, sepamos también darles el más grande de los tesoros: nuestra fe católica.

Preguntas para reflexionar y discutir

1. ¿Qué experiencias—positivas y negativas—has tenido al tratar de educar a tus hijos e hijas o a otros jóvenes en la fe católica?

2. ¿Qué ministerios juveniles existen en tu parroquia o diócesis? ¿Cuál es la manera más esencial para mejorar y profundizar a estos ministerios?

3. ¿Analizando mi propia comunidad, cuál de las cuatro categorías de Ken Johnson- Mondragón—trabajadores inmigrantes, en vías de integración, buscadores de identidad y miembros de bandas callejeras o en alto riesgo—está más presente? ¿Pensando en tu propia parroquia o comunidad, cuáles ministerios se debe desarrollar para responder a las categorías de jóvenes presentes?

4. ¿Qué puedo hacer personalmente para mejorar la formación en la fe católica de mis hijos y de otros jóvenes y niños de mi parroquia?

5. Texto clave del *Catecismo de la Iglesia Católica*:

> Toda la Iglesia es apostólica en cuanto que ella es "enviada" al mundo entero; todos los miembros de la Iglesia, aunque de diferentes maneras, tienen parte en este envío. (*Catecismo de la Iglesia Católica*, 863)

¿Dado que toda la Iglesia es apostólica, cómo podemos animar a nuestros jóvenes a vivir su fe y evangelizar a los demás?

Timoteo Matovina es profesor y director del departamento de teología en la Universidad de Notre Dame. Ha hecho presentaciones sobre temas pastorales y teológicos en muchos institutos pastorales, en diócesis y para programas de formación. El tema principal de sus investigaciones se centra en los católicos latinos, especialmente sus tradiciones religiosas, teología, historia, y ministerio pastoral. Sus publicaciones incluyen 16 libros, varios de ellos premiados. Dos de sus libros más recientes son en español: *Catolicismo Latino: La transformación de la Iglesia en Estados Unidos y Camino a Emaús: Compartiendo el ministerio de Jesús*. Actualmente es profesor de teología y codirector del Instituto de Estudios Latinos en la Universidad de Notre Dame, South Bend, Indiana. Los estudiantes hispanos de Notre Dame le han galardonado con el Premio Julián Samora, el cual se otorga a un profesor comprometido con la comunidad latina.